Pequenas grandes coisas

ALBERT FIGUERAS

PEQUENAS GRANDES COISAS

Tradução
Sandra Martha Dolinsky

Academia

Título original: *Pequeñas grandes cosas*

Coordenação editorial: Débora Guterman
Assistência editorial: Cristiane Peroni
Capa: Graziella Iacocca
Imagem de capa: © Markus Moellenberg/Corbis/Corbis (DC)/Latinstock
Revisão: Tulio Kawata
Diagramação: Gustavo Abumrad

Dados Internacionais de Catalogação na Publicação (CIP)
(Câmara Brasileira do Livro, SP, Brasil)

Figueras, Albert
Pequenas grandes coisas / Albert Figueras ;
tradução Sandra Martha Dolinsky. -- São Paulo :
Editora Academia de Inteligência, 2009.

Título original: Pequeñas grandes cosas.
Bibliografia
ISBN 978-85-60096-56-5

1. Auto-ajuda - Técnicas 2. Conduta de vida
3. Felicidade 4. Mente e corpo 5. Otimismo I. Título.

09-06198 CDD-158.1

Índices para catálogo sistemático:

1. Felicidade : Psicologia aplicada 158.1

2009

Editora Academia de Inteligência Ltda.
Avenida Francisco Matarazzo, 1500 – 3º andar – conj. 32B
Edifício New York
05001-100 – São Paulo-SP
www.academiadeinteligencia.com.br
www.editoraplaneta.com.br
vendas.academia@editoraplaneta.com.br

Sumário

Prólogo

O que se pode dar de presente a uma menina que tem tudo? Depois de muito quebrar a cabeça, cheguei à conclusão de que a única coisa que a podia entusiasmar era uma réplica de plástico do Amor De Sua Vida (o segundo, depois de seu pai): Pocoyo. Após uma longa *via crucis* de loja de brinquedos em loja de brinquedos ("aqui nunca tiveram, ali já esgotou, acolá nem sabem do que se trata"), encontrei o boneco, por fim, em um restaurante Vips, e levei o último que restava, não sem que antes a moça do caixa me informasse que os Pocoyos sumiam rapidamente e que seu filho também tinha um.

Na terça-feira, trabalhei até as quatro da manhã. Na quinta-feira, às sete e meia, entrei no quarto de minha filha com um bolo com velinhas e um pacote de presente. A cara que ela fez ao ver o Pocoyo compensou minha expedição e a falta de sono. Com o Pocoyo bem abraçado, minha filha foi tomar o café da manhã e insistiu em empanturrar o boneco de cereais, e ele, assim como Gandhi, optou pela resistência passiva e não abriu a boca em momento algum, para espanto da criatura.

E nesse momento surpreendi a mim mesma pensando: "Sou feliz".

E quando digo que *me surpreendi*, quero deixar claro que me surpreendi. Com isso, quero dizer que foi uma surpresa descobrir a mim mesma como mulher feliz. Porque, de janeiro passado para cá, minha vida foi variada, imprevisível, trepidante até... mas não exatamente feliz. Uma separação, dois processos, a doença muito grave de uma pessoa muito querida, uma disputa familiar... Entendam, não é que eu precisasse de antidepressivos nem que alguém me encontrasse soluçando nos balcões dos bares, mas chorei muito e dormi pouco. E emagreci doze quilos em oito meses (sem dietas, sem comprimidos, sem ginástica, sem injeções!).

Teria valorizado tanto, eu me pergunto, esse momento mágico em que pensei "que sorte a minha de ter uma filha saudável, bonita e feliz, que me ama e a quem eu amo", se não estivesse circunscrito em um momento difícil, se não houvesse existido o contraste entre essa centelha de felicidade pura e simples e a escuridão tediosa e monótona dos últimos meses? Pode ser que não. Pode ser até que esses momentos ruins não tenham sido tão ruins, e que eu os tenha transformado em ruins porque prestei tanta atenção às brigas e ao desamor que não reparei em todas as coisas boas que me cercam.

Nesse sentido, a felicidade não se encontra, se faz. Cada um a faz para si, dependendo da cor da lente com que olha, porque, agora que estou pensando, se durante esses nove meses eu houvesse olhado mais para minha filha e menos para meu umbigo, talvez não houvesse me sentido tão infeliz. Afinal de contas, a doença, o abandono, os conflitos, são o pão nosso de cada dia, e nem eu nem ninguém pode fazê-los desaparecer da vida com uma borracha. De modo que quem quer ser feliz tem de optar por aceitá-los como vêm e com calma, sem esquecer jamais aquele velho ditado que diz que "tudo passa", e sem deixar de se concentrar em tudo de bom que o cerca, e nas possibilidades de liberdade que muitas vezes as perdas abrem, caminhos inexplorados nos quais nem havíamos reparado. Mas, às vezes, não estabelecemos a medida de nossa felicidade em nós mesmos, e sim nos outros, e queremos ser tão felizes ou mais que os outros; e isso é quase sempre impossível, porque acreditamos que os outros são bem mais felizes do que na realidade são.

É complicado de escrever, mas fácil de entender.

Espero.

Conheci Albert Figueras em uma viagem ao Panamá, quando conheci também (como se sabe, as viagens são propícias para se relacionar com desconhecidos) duas mulheres muito interessantes e muito diferentes entre si, uma delas assessora fiscal de uma construtora e a outra conselheira das Nações Unidas. Certa noite, nós quatro fomos jantar, e minhas duas novas amigas comentaram: “Este homem está sempre sorrindo, transmite tanta serenidade!”. Naquela semana, vi Albert todos os dias (e não o tornei a ver desde então) e em todas as ocasiões em que cruzava com ele via o mesmo sorriso tranquilo estampado no rosto. De modo que Albert parece um homem feliz, e parecer já é bastante nos tempos que correm.

Já expus a vocês, nestas páginas, minha pequena teoria sobre a felicidade. Nas demais páginas deste livro está o segredo do eterno sorriso de Albert Figueras, sua teoria pessoal sobre como se constrói uma vida feliz.

Lucía Etxebarría

Antes de começar

O espectro do que vemos e fazemos
está limitado pelo que não conseguimos perceber.
E, posto que não conseguimos perceber
que não conseguimos perceber,
pouco podemos fazer
para mudar
enquanto não percebermos
como não conseguir perceber
modela nossos pensamentos e atos.
Daniel Goleman, *El punto ciego*

Ao visitar algum monumento emblemático de uma cidade, nunca lhe chamou a atenção ver um grupo de turistas que acompanham o dedo indicador do guia e correm para bater a mesma foto, no mesmo segundo? Reparou como, no fim da visita-relâmpago, sintética e comprimida a esse monumento, o grupo todo corre atrás de um guarda-chuva fechado ou de uma bandeirinha? Dirigem-se a um ônibus que os levará rapidamente ao ponto seguinte do itinerário, ao próximo edifício emblemático ou ao próximo museu.

Parece que o importante são as fotografias, para provar que se esteve ali. Como chegar, ou o que está atrás do monumento ou a sua volta, os ruídos que há, os matizes variáveis da luz ao longo do dia, o cheiro do lugar... tudo isso são aspectos secundários. Basta a foto.

Muitas vezes, a vida se compara com uma viagem. Pode-se optar pelo turismo organizado – que garantirá ver dez capitais europeias em duas semanas – ou uma viagem por conta própria, durante a qual se vive o périplo: o viajante sabe onde começará, mas ignora onde terminará. Depende do que encontrar no caminho. O certo é que procurará saborear com todos os sentidos os lugares por onde passar e as pessoas que ali conhecer.

Nesse tipo de viagem sem pauta determinada e sem dedos que quase obrigam a olhar para onde todo mundo olha, a pessoa tem maior probabilidade de encontrar esses pequenos prazeres, esses momentos de felicidade que se tornam situações agradáveis apesar de sua simplicidade e cotidianidade. Fazem com que nos sintamos bem, como se fossem um placebo qualquer.

> Aprender a deixar-se embalar pelos placebos da vida é, definitivamente, aprender a viajar pela vida, vivendo-a.

Se lermos com atenção os textos de Platão e Aristóteles, escritos há 2500 anos, podemos encontrar boa parte do que dizem muitos dos chamados livros de autoajuda, e alguns deles são verdadeiros *best-sellers* atuais. Platão, por exemplo, deixou escrito: "Se não desejas muito, até as menores coisas te parecem grandes".

O narrador francês Philippe Delerm publicou uma coleção de brevíssimas lembranças intitulada *O primeiro gole de cerveja e outros prazeres minúsculos*, onde repassa com detalhismo intimista algumas daquelas situações que fazem com que nos sintamos bem. A blusa de lã do outono, o jornal do café da manhã, ser convidado para jantar de surpresa, molhar os tênis ou o barulho do dínamo da bicicleta... esse leve atrito que freia e esfrega ronronando a roda.

Um dia desses, minha colega Erika Unfried me mandou uma mensagem falando da intensa época de chuvas que está vindo da Costa Rica. Escrevia: "Está chovendo bastante, e não posso negar que, quando começa o aguaceiro, demoro um pouco para abrir a sombrinha com a desculpa de sentir a chuva, algo assim como quando era menina, quando tentava me molhar ao máximo".

No início do filme francês *O fabuloso destino de Amélie Poulain*, o narrador explica que a protagonista "cultiva o gosto pelos pequenos prazeres: mergulhar a mão em um saco cheio de grãos de café, quebrar a crosta açucarada do *crème brûlée* com a colherinha e jogar pedras na água do canal Saint Martin".

De tudo isso surge *Pequenas grandes coisas*. Pois, como escreveu o poeta inglês T. S. Eliot em *Quatro quartetos*:

> Não devemos deixar de explorar,
> e o final de nossa exploração
> será chegar de novo ao início
> e descobrir esse lugar pela primeira vez.*

Os placebos da vida – junto com outro grande aliado, a criatividade – contribuem para que percebamos o mundo de uma maneira mais intensa, para que o vivamos de um modo mais particular. Não como os turistas que se deslocam em massa atrás de um guia com um guarda-chuva levantado, só olhando para aquilo que aponta o indicador de seu *pastor*.

Valorizar essas pequenas grandes coisas – os prazeres minúsculos, os placebos pessoais – e tentar ser criativos em tudo o que fazemos nos permite modular a reação perante os estí-

---

* T. S. Eliot, *Cuatro cuartetos*, Altaya, Barcelona, seção V.

mulos nem sempre agradáveis que recebemos de nosso ambiente. Definitivamente, além de nos ajudar a evitar as respostas mecânicas e previsíveis, essa atitude contribui para nos tornarmos mais livres, porque nos dá segurança frente à inevitável incerteza da vida.

Pinhal-Vilassar de Mar, verão de 2007

Capítulo 1

Bem-vindos à vida

Entre o estímulo e a resposta, há um espaço. Nesse espaço reside nossa liberdade e o poder de escolher a resposta. Na resposta está nosso crescimento e nossa felicidade.

Anônimo. Citado por S. R. Covey no prefácio de *En busca del sentido: los principios de Viktor Frankl aplicados al mundo del trabajo*, de A. Pattakos

Depois de publicar *Otimizar a vida*, em outubro de 2006, vários jornalistas me perguntaram por que havia escrito aquele livro. Sempre lhes respondia a mesma coisa: queria transmitir a ideia que atualmente a ciência tem do conceito de felicidade, porque, desse modo, pode ser mais simples para nós reconhecê-la e não a confundir com outros estados.

Em essência, a felicidade não é mais que a sensação de bem-estar, limitada no tempo, que experimentamos de maneira mais ou menos frequente. Exatamente por seu caráter efêmero e pelo fato de chegar sem alarde, existem muitas possibilidades de a felicidade nos passar despercebida se, em vez de viver o momento presente em toda sua dimensão e com todos os sentidos, mantivermos o pensamento voltado para o passado ou o futuro.

Enfim, as ideias-chave daquele livro eram:

- ➔ Há momentos, no dia a dia de nossa existência, em que nos sentimos *bem*. A felicidade que tanto todos os seres humanos desejam – e da qual tanto se têm ocupado filósofos, escritores, cineastas, sacerdotes e publicitários desde a origem de tudo – é simplesmente isso. Esse bem-estar está limitado no tempo, e o percebemos como tal por contraste: é precedido e seguido de momentos em que não nos sentimos *tão bem*.
- ➔ Felizmente, esses momentos de felicidade são efêmeros, posto que o cérebro tem uma maneira especial de operar: se algum estímulo dura demais, deixamos de lhe dar atenção ou não o achamos tão prazeroso. Duas semanas de felicidade, 24 horas por dia, seriam insuportáveis.
- ➔ Muitas vezes, a felicidade é sutil e se encontra nos detalhes; esses momentos podem nos escapar para sempre se não prestarmos atenção suficiente ao que está acontecendo a nossa volta. Por exemplo, quando estamos sempre com pressa ou quando optamos por estabelecer relacionamentos superficiais com os outros.

Andava à caça de uma imagem que pudesse representar essa atitude de estar atento ao que acontece a cada momento, e me vieram à cabeça os garimpeiros que procuram ouro na região central do Brasil.

Encontrar uma pepita de ouro nas terras de aluvião que os rios arrastam não é tarefa fácil. Para ter certo sucesso na tarefa de distinguir ouro entre a areia da peneira, o garimpeiro tem que jogar com dois elementos: prestar muita atenção cada vez que enche a peneira e contar com a cumplicidade da luz do sol, que faz o ouro brilhar – embora saibamos que nem tudo que reluz é ouro.

Na vida, "prestar muita atenção" significa procurar viver o presente com intensidade, tentando deixar de lado o que nos leva a pensar no passado ou no futuro mais do que o essencial. O outro elemento, "jogar com a luz do sol", é, definitivamente, o objeto deste livro.

Para o garimpeiro, o sol não é ouro, nem transforma uma pedra em ouro; porém, o sol faz o ouro brilhar, e, desse modo, permite que os olhos do garimpeiro atento se detenham sobre a pepita e a separem do resto.

Mapa da rota

No começo do filme *O mistério de Lulu*, de Paul Auster, Celia está comentando uma notícia do jornal com Pierre, o dono do restaurante onde trabalha: um saxofonista de *jazz* levou um tiro fortuito e conseguiu sobreviver após ter um pulmão extirpado. Celia se alegra.

PIERRE Que bom? Eu diria que parece uma ironia: o sujeito toca há anos e ninguém ouviu falar dele. Leva um tiro, sua carreira é destruída e, de uma hora para outra, é um sucesso total.

CELIA Pelo menos está vivo. Se você não está vivo, não pode fazer nada.

Sempre há motivos para ver qualquer situação de um modo ou do contrário, assim como qualquer moeda tem anverso e reverso. Longe dos romances e do cinema, na vida cotidiana, o que para alguns representa uma desgraça sem precedentes, para outros é *a* oportunidade. Este é o fundamento da *resiliência*, sobre a qual tanto escreveram autores como Al Siebert: o sobrevivente sabe aproveitar os reveses da vida para se fortalecer, lida com as dificuldades com habilidade, como quem sobe em uma prancha de surfe e vai buscando o vento apropriado enquanto evita as ondas ou as aproveita.

Uma parte dessa força vital, dessa energia sutil que nos permite ir recarregando as baterias procede do ambiente de cada um; são essas pequenas coisas que se tornam grandes. Nós as chamamos de *os placebos da vida*, e nas páginas seguintes falaremos delas.

Os placebos da vida são coisas, situações ou ações que – conforme demonstraram estudos científicos – contribuem para aumentar o bem-estar ou reduzir o estresse, o que nos predispõe a potencializar ao máximo os momentos positivos e, também, a enfrentar melhor os inevitáveis momentos negativos da vida. E, tudo isso, sem nos deixarmos levar pela euforia desmesurada e bobalhona dos óculos com lentes cor-de-rosa, nem pelas trevas tenebrosas do pessimismo.

Bom seria acabar de uma vez com a eterna disputa sobre o famoso copo que, aos olhos de uns, está "naturalmente" meio cheio, ao passo que, aos olhos de outros, está "clarissimamente" meio vazio. A vida é como aquela ilusão de ótica que, conforme olhamos, vemos uma garota jovem com um chapéu de plumas ou uma mulher idosa com um lenço na cabeça (imagem ao lado). As duas imagens coexistem no desenho e não há uma visão correta nem outra incorreta. Vermos uma ou outra simplesmente depende do contexto, do ambiente ou de nosso estado de ânimo.

Este é um dos motivos pelos quais as "receitas para viver melhor" ou as "receitas para ser feliz" costumam fracassar. Provavelmente foram escritas sob medida para o autor, e para ele são úteis; porém, nesse terreno não existem fórmulas de aplicação universal.

Diante da complexidade e variabilidade das pessoas – algo que torna tão ameno e rico o gênero humano –, talvez a melhor resposta seja fornecer o conhecimento que nos explica o porquê biológico e o como neurológico, o substrato científico que nos permita identificar os elementos que funcionam melhor para cada pessoa.

O primeiro grande hospital da Antiguidade ficava em Epidauro, onde havia o santuário de Esculápio, o deus da Medicina. Segundo a descrição de Antonio Alzina,* os doentes que iam até ali em busca de cura deviam se purificar no mar antes de chegar. Após as abluções, banhos e fricções, entravam no recinto, onde eram submetidos a rigorosas prescrições higiênicas e influências sugestivas. Só então podiam se reclinar em um local para entrar em um sono profundo ao lado de grandes estátuas de Esculápio e outras divindades. Durante o sono, surgia o deus e lhes dava conselhos e prescrições para melhorar a saúde, como dieta ou exercícios.

Jordi Nadal descobriu para mim o belíssimo relato de Henry Miller *O colosso de Maroussi*, no qual relata sua viagem à Grécia durante a Segunda Guerra Mundial. Ao visitar aquelas ruínas do Peloponeso, junto ao imponente anfiteatro, escreveu: "O paciente que chegava a Epidauro já estava curado (...) Epidauro é só um símbolo; o lugar verdadeiro é o coração, o coração de cada homem, se o souber encontrar".**

Em *Pequenas grandes coisas* partimos dessa premissa, e vamos analisar, de maneira sucinta e com exemplos, o que é um *placebo* em medicina e por que utilizamos esse nome aplicado à vida: muitas vezes, estamos acostumados a pensar em medicamentos

---

* www.acropolis.org

** Henry Miller, *El coloso de Marusi*, Seix Barral, Barcelona, 1992.

como sinônimo de "sentir-se bem" e buscamos remédios para ser felizes; mas a solução está em outro lugar. A seguir, vamos recordar as bases químicas do funcionamento do cérebro e chegaremos a uma pequena molécula que, segundo os últimos estudos, poderia ser a chave do bem-estar, o elemento comum de muitas atividades que geram prazer e reduzem o estresse. O interessante dessa substância é que não a podemos tomar como um medicamento qualquer, pois quem a gera é o cérebro; e, além disso, todos a temos. Na reta final, descreveremos, a título de exemplo, alguns desses placebos, mas deixando claro que a vida é como visitar um lotado e multicolorido bazar oriental: cada um se sente atraído por uma mercadoria diferente e acaba se apaixonando pelo mais inesperado.

Para concluir, vamos falar de alguns efeitos negativos que os placebos às vezes apresentam.

Estamos no século XXI e sabemos muito bem como tratar a doença, a dor, o estresse. Dispomos de muitas comodidades – impensáveis, sem ir muito longe, para nossos avós ou pais. Existem muitos medicamentos, publica-se uma grande quantidade de manuais que pretendem dizer como viver e os teóricos da vida se multiplicam.

Porém, quando vemos as estatísticas, a depressão e as doenças cardiovasculares continuam ocupando os primeiros lugares nos motivos de consultas médicas, e não só nos Estados Unidos, Japão e Europa, mas também em muitas outras sociedades industrializadas ou semi-industrializadas.

Por quê? O que podemos fazer? A resposta passaria por tentar encontrar o equivalente ao que em medicina se chama de *prevenção*.

Se para a maioria das doenças estamos tentando mudar o modelo curador tradicional por um modelo preventivo, seguindo a máxima "mais vale prevenir que remediar", é tão absurdo assim tentar passar da ideia de curar o estresse e as doenças que causa – as doenças da sociedade –, de curar as consequências da velocidade e da multifunção, para a de tentar prevenir as causas?

Os placebos da existência são as vacinas e as vitaminas que a vida, a sociedade e as pessoas que temos a nossa volta nos oferecem. Ao longo das páginas seguintes falaremos das pautas e dosagem, mas, principalmente, do porquê.

Existem muitos *placebos*, e, como dissemos, a resposta de cada pessoa é tão variada que talvez valha a pena conhecer seu modo de ação e, a partir daí, cada um poderá escolher seus placebos pessoais, como quem vai a um restaurante e dá uma olhada no cardápio, como quem passeia por um mercado oriental e para em uma barraca para pechinchar.

Capítulo 2

No princípio era a complacência

> ESGANAREL – Vede, penso que deve ficar de cama e que, como remédio, lhe deis pão molhado com vinho.
> GERONTE – Como? Pão molhado com vinho? E por que, senhor?
> ESGANAREL – Porque o vinho misturado com pão ao mesmo tempo tem uma virtude simpática que faz falar.
>
> MOLIÈRE, *O médico à força*

No final do século XIX e começo do XX – quando não havia televisão nem cinema e os automóveis eram muito poucos –, bandas de músicos e comediantes percorriam os caminhos do Sul dos Estados Unidos em vistosas carroças pintadas oferecendo seu espetáculo pelos povoados. Levavam tochas de querosene para iluminar os palcos improvisados, tocavam banjo e outros instrumentos fabricados com latão e madeiras, e tinham uns patrocinadores curiosos: o laxante e tônico *Pizaro cactus juice*, o grande remédio indiano *Kickapoo Indian Sagwa*, o *Kerr's Indian Remedy Vin-Tone*, ou o *Tarrant's Seltzer*. Deste último, conserva-se uma musiquinha que dizia, em uma tradução livre:

> É impossível encontrar remédio melhor
> para manter a constituição e o vigor.
> Para ficar chegou
> e cada dia mais adeptos juntou.

Diante dele, a indigestão se detém,
a sua volta, a constipação também
e os achaques à distância mantém.
Portanto, o pessoal pode elogiar sem fadiga
O TARRANT'S SELTZER todo dia.

Eram os chamados *medicine shows* que acompanhavam médicos, curandeiros e charlatães pelo país em uma simbiose que permitia aos músicos subsistir e vender unguentos e xaropes preparados à base de *óleo de serpente*, *ópio* ou *suco de cacto*. Devia ser algo parecido a Melquíades e a família de ciganos que montavam a barraca em Macondo e que permitiram ao coronel Aureliano Buendía conhecer o gelo e o poder do ímã, segundo conta Gabriel García Márquez no início de *Cem anos de solidão*.

Na realidade, esses remédios que se vendiam nos *medicine shows* não eram muito diferentes dos que, desde tempos remotos e até a chamada explosão farmacológica de meados do século XX, foram utilizados em outras partes do mundo.

Talvez com exceção da digoxina (para algumas doenças do coração), a quinina (para as febres), a morfina e a aspirina, todos os outros remédios que a humanidade andara utilizando desde que se tem registro escrito das substâncias empregadas para curar doenças caíram no esquecimento. Praticamente nenhum deles passaria pelos complexos requisitos que a ciência moderna exige para provar a eficácia de um medicamento.

Naturalmente, a terapêutica moderna é um dos fatores que permitiram melhorar a sobrevivência. Notem que escrevi "um dos fatores", porque houve outros, talvez mais importantes, como a introdução de hábitos higiênicos – principalmente lavar as mãos – ou dispor de água corrente e sistema de esgoto.

Não faz muito tempo – e em alguns lugares continua sendo assim –, os pacientes internados em um hospital eram distribuídos em longos e lotados pavilhões de trinta ou quarenta leitos. Nessas circunstâncias e em épocas em que os antibióticos não eram conhecidos, o principal perigo eram as infecções adquiridas no próprio hospital, que, muitas vezes, evoluíam para as mortais septicemias.

Em 1845, o jovem médico húngaro Ignaz Philip Semmelweis acabava de concluir seus estudos de medicina em Viena e foi prestar seus serviços no Pavilhão I da maternidade do hospital dessa cidade. A maternidade contava com dois pavilhões, mas o Pavilhão I era temido pelas mulheres gestantes, pois a mortalidade por febres após o parto era cinco vezes mais elevada que no Pavilhão II. Diante da negativa de muitas mulheres de serem internadas no Pavilhão I, formou-se uma comissão de especialistas que começou a trabalhar com possíveis explicações para essa diferença na taxa de infecções mortais em ambas as salas.

Alguns sábios apontavam para "causas cósmico-telúricas e higrométricas", o que Semmelweis rebateu, porque os pavilhões estavam um em frente ao outro, e essa explicação não justificava as diferenças.

Posteriormente, atribuiu-se o problema ao fato de que o Pavilhão I era atendido por estudantes "na maioria estrangeiros, cuja falta de consideração e brutalidade originava as inflamações mortais", assim como ao fato de que "as mãos masculinas são mais toscas e ferem o pudor das mulheres", ao passo que o Pavilhão II era atendido por parteiras. Semmelweis opôs-se de novo a essas explicações, porque exatamente no Pavilhão I internavam as prostitutas, "mulheres acostumadas ao trato rude"; e insistiu em que a diferença devia estar em alguma outra particularidade dessa sala.

Finalmente, e após árduas discussões e descréditos, Semmelweis observou que os estudantes faziam as autópsias dos cadáveres e, a seguir, examinavam as parturientes, ao passo que as parteiras do Pavilhão II só cuidavam de partos. De modo que obrigou os estudantes a lavar as mãos antes de entrar na sala de partos. A nova norma originou grandes protestos entre os estudantes, o que marginalizou Semmelweis. Porém, anos depois, quando Koch e Pasteur descobriram os germes como substâncias patogênicas, as teorias de Semmelweis tiveram que ser aceitas, e esse simples hábito começou a salvar vidas.

Há algo que chama a atenção em todas essas histórias: mesmo com os antigos remédios aparentemente sem eficácia (como a baba de caracol, a unha de gato ou o chifre de rinoceronte), havia algumas pessoas que conseguiam se curar das doenças que as afetavam.

Em resumo, até a Primeira Guerra Mundial havia poucos medicamentos – e eram ainda menos os que poderíamos considerar verdadeiramente eficazes. O médico utilizava a história natural da doença (que conhecia bem), visitas frequentes ao paciente (que aumentavam a confiança nele), o exame completo e criterioso, longas conversas, etc. E muitos pacientes se curavam, desde que não se tratasse de infecções graves (porque havia poucos antibióticos – os primeiros são do final do século XIX –, não se tinha o hábito de lavar as mãos e havia pouca água corrente).

A grande pergunta é: como e por que algumas pessoas se curavam – e continuam se curando – sem receber um medicamento eficaz?

Entre o mágico e o esotérico

Quando falo para os alunos de medicina sobre o que significa tratar um paciente além do mero ato de escrever uma receita, costumo mostrar uma fotografia na qual estou usando a máscara veneziana do *dottore Peste*. Quando a conhecida epidemia da Peste Negra assolou a Europa, no século XIV, os médicos – que naquela época ostentavam ricas vestimentas com bordados de

ouro e outros adereços que os distinguiam como tais – usavam esse tipo de máscara (imagem ao lado) para não respirar os *miasmas* que havia nos aposentos dos afetados. Segundo contam, do lado de dentro do enorme nariz colocavam uma mistura de perfumes que, além de tudo, combatia o mau cheiro dos corpos em decomposição. Além do caso, interessa-me transmitir aos futuros médicos a importância de algo que a pressão assistencial e a disponibilidade de medicamentos eficazes e poderosos nos faz muitas vezes esquecer: a importância do contato com o paciente e de conversar com ele no processo de cura. E isso é algo que qualquer tipo de terapia leva muito em conta.

Na maioria das cidades das províncias do nordeste da Argentina, há curandeiros. Procura-se o curandeiro, principalmente, quando algum membro da família padece um mal que há tempos não responde ao tratamento do médico. Talvez a cura mais habitual seja a do *empacho*, e expressões como "vamos levá-lo para puxar o courinho" são habituais.

O curandeiro soluciona várias afecções com diferentes remédios. A gordura da iguana reduz a inflamação decorrente de picada de aranha ou mordida de cobra e alivia o terçol. A gordura do jacaré é usada para fazer massagens em áreas com entorses ; a de galinha, em casos de bronquite e catarro, e a da capivara para a asma. Para a dor de dentes, porém, o melhor é morder um pedaço de pele de sapo.

Acha engraçado? Bem, vamos à medicina tradicional avançada.

Em 1961 esteve na moda extirpar o corpo carotídeo para tratar a asma bronquial. Trata-se de uma pequena estrutura de tecido nervoso situada perto das artérias carótidas que parece controlar o conteúdo sanguíneo de oxigênio e a respiração.

Em 1973, a frequente infecção pelo vírus do herpes começou a ser tratada com um sistema chamado *inativação fotodinâmica*, baseado em um estudo de laboratório que demonstrava que o vírus ficava inativo quando se aplicava uma tintura e, a seguir, era colocado sob um foco de luz fluorescente.

Onze anos antes, vários autores apostaram no tratamento das dolorosas úlceras gástricas e duodenais com um complicado procedimento que, em essência, congelava a parede do estômago mediante um balão cheio de álcool etílico absoluto gelado.

Durante muitos anos utilizou-se a ligadura das artérias mamárias em pacientes com problemas cardíacos...

Essas quatro intervenções terapêuticas têm algo em comum: depois de um tempo causando furor, estudos realizados seguindo um método mais cuidadoso demonstraram que nenhuma delas era eficaz. Provavelmente haviam se desenvolvido tanto pela vontade de satisfazer o paciente. (Ou seja, eram um *placebo*, palavra latina que significa, exatamente, "eu satisfaço".)

Claro que resta uma dúvida enorme a resolver: muitos pacientes submetidos à extirpação do corpo carotídeo, a sessões de inativação fotodinâmica, ao congelamento da úlcera gástrica ou à ligadura das artérias mamárias melhoraram notavelmente seus sintomas ou, simplesmente, se curaram... assim como alguns dos pacientes em quem se aplica gordura de iguana ou aqueles que mordem um sapo.

De novo, a grande pergunta que nos fazemos é: Por que esses pacientes se curam se ninguém provou que os tratamentos aplicados são eficazes?

A explicação que a medicina tem nesse momento chama-se *efeito placebo.*

O efeito placebo na pesquisa atual

Na entrada dedicada a *Medicina* da primeira edição da prestigiosa *Enciclopédia Britânica* (Edimburgo, 1771), lê-se:

> Quando uma doença se curou, é extremamente difícil determinar com certeza se a cura foi consequência das ações da natureza ou de algum remédio específico que tenha sido administrado ao paciente. Essa dificuldade é ainda maior devido à grande variedade de medicamentos e aos diferentes ingredientes que contêm, e que são administrados no curso da doença.
>
> *Enciclopédia Britânica* (1771), vol. III, p. 58

Essa capacidade biológica para curar o organismo doente, assim como o possível efeito da sugestão, influíram muito no estabelecimento dos princípios científicos modernos que orientam sobre como se deve investigar um tratamento para poder determinar seu efeito real (sua eficácia).

A fim de saber se um medicamento novo é eficaz para curar uma doença e conhecer a magnitude desse efeito, é necessário comparar um grupo de pacientes tratados com o fármaco (grupo experimental) com um grupo de pacientes não tratados (grupo de controle).

Porém, também há muitos séculos sabemos que o cérebro é suscetível à sugestão: o fato de tomar uma injeção ou de saber que estamos engolindo um comprimido que poderia aliviar um sintoma exerce um efeito positivo que, em alguns casos, pode chegar à cura completa do paciente.

Por esse motivo, nos estudos de medicamentos novos (ensaios clínicos), não basta ter um grupo de pacientes "sem tratamento"; é preciso que os pacientes do grupo de controle recebam um placebo, ou seja, um produto de aparência e via de administração exatamente iguais ao medicamento que se experimenta, mas que contém uma substância sem efeito terapêutico (por exemplo, sacarina ou bicarbonato).

Desse modo, podemos ter certeza de que o benefício observado no grupo experimental se deve à molécula que esses pacientes tomam, e não ao fato de "tratar" ou "não tratar".

No quadro seguinte, reproduzimos um exemplo numérico de um ensaio clínico.

Acreditamos ter um novo medicamento, XYZ, para dor de cabeça. Antes de poder usá-lo em pacientes, é preciso medir sua eficácia mediante um ensaio clínico. O medicamento XYZ é fabricado na forma de comprimido romboidal vermelho e deve ser ingerido com água abundante.

O grupo experimental do ensaio clínico será formado por cem pacientes com dor de cabeça, que receberão um comprimido de XYZ. No grupo de controle incluiremos um número similar de pacientes – também com dor de cabeça –, mas que, em vez de XYZ, receberão um comprimido romboidal vermelho que só contém sacarina, e o tomarão com bastante água.

Ao cabo de doze horas, chamamos os pacientes de ambos os grupos para conhecer a evolução de sua dor de cabeça. Perguntamos quantos pacientes de cada grupo notaram melhora de seus sintomas. Afirmam não ter dor de cabeça 75 pacientes do grupo experimental e 60 do grupo de controle que recebeu placebo.

Ao analisar os resultados, observamos que o medicamento XYZ curou 15% mais pacientes que o placebo. XYZ é mais eficaz que o placebo, mas... O placebo conseguiu curar 60% dos pacientes!

O que é surpreendente nesses resultados?

Não acha curioso que uma proporção nada desprezível do grupo tratado com placebo haja reportado melhora da dor de cabeça apesar de ter tomado só um comprimido com sacarina?

Se procurar entre suas lembranças, com certeza virão a sua cabeça histórias que ouviu de alguma pessoa a quem vários médicos haviam diagnosticado uma doença incurável e que, inexplicavelmente, não só sobreviveu além do tempo de vida que lhe concederam os médicos como também os resultados de seus exames se normalizaram ou o tumor deixou de ser visível nas radiografias.

Naturalmente, esses casos são excepcionais. Porém, ao examinar a evolução dos pacientes designados ao grupo de controle de vários ensaios clínicos, chegou-se à conclusão de que a resposta ao placebo é bastante elevada em muitos sintomas ou doenças (especialmente em dor, alguns problemas digestivos, certo tipo de tremor associado ao mal de Parkinson e, inclusive, hipertensão arterial).

Alguns autores chegam a afirmar que talvez o efeito que mais se observa em medicina e o que se reproduziu em mais ocasiões ao longo do tempo é o efeito placebo. Este é um efeito conhecido desde a Antiguidade, e que tem sido utilizado não só por médicos, mas também por outros profissionais relacionados com a cura.

O efeito placebo na medicina

Danielle Fecteau publicou uma extensa análise do efeito placebo e do poder de cura. Nele, faz uma ampla revisão do uso do placebo na prática médica e comenta que pouco mais da metade das pessoas com dor de cabeça apresenta alívio quando toma um remédio *sem efeito*; uma proporção muito elevada e só um pouco menor que a taxa de alívio que se obtém com um analgésico (como o exemplo que utilizamos há pouco).

Alguns estudos demonstraram que tomar um placebo aumenta a concentração de endorfinas, umas substâncias endógenas que têm certo efeito analgésico. Algo parecido acontece quando um médico ou um enfermeiro comenta que vai nos dar um remédio para dor: também aumentam as endorfinas.

Ou seja, nosso organismo tem uma capacidade natural para aliviar nossa dor.

Observou-se que essa capacidade de *autocura* (ou de *autoalívio*) também está presente em outras doenças, como certos problemas digestivos. Alguns estudos registram 68% de cura com placebo e 80% quando se toma tratamento ativo (o que significa que só 12% das pessoas com problema digestivo se curam por efeito do medicamento). A esse respeito, Danielle Fecteau aponta:

> É essencial recordar algo em relação a todos esses estudos: é o próprio corpo quem se encarrega do trabalho de cura – às vezes, parcialmente; às vezes, por completo. Com frequência, basta que o médico nos prescreva um tratamento para que nosso organismo se encarregue de ativar os mecanismos fisiológicos apropriados que, no melhor dos casos, levará à cura.*

Algumas pesquisas sobre a ação do placebo na hipertensão arterial, por exemplo, também concluem que, efetivamente, o

---

* D. Fecteau, *L'effet placebo. Le pouvoir de guérir.* Quebec: Les Éditions de l'Homme, 2005.

efeito placebo dura várias semanas ou meses. E essas mesmas observações se repetiram com outros sintomas e doenças.

Diante dessas provas, era necessário responder a uma pergunta lógica: a cura ou a melhora dos sintomas nos pacientes que recebem placebo se deve à administração de uma substância placebo ou os pacientes teriam se curado do mesmo jeito sem nenhum tipo de tratamento?

Para medir a magnitude do efeito placebo, se é que realmente existe, basta analisar os estudos publicados nos quais os pacientes haviam sido separados em três grupos:

- ➔ os que recebiam tratamento ativo (um medicamento)
- ➔ os que só recebiam *tratamento placebo*
- ➔ os que não recebiam nada

Essa análise deu um resultado curioso: embora parte dos pacientes que haviam recebido tratamento placebo não se diferenciasse dos pacientes a quem não se havia feito nenhuma intervenção, observou-se, em ambos os grupos, um *efeito* placebo, que se explicava pela dinâmica estabelecida entre o médico e o paciente.

Em 1987, Kate B. Thomas, da Universidade de Southampton, realizou um experimento que permitiu demonstrar algo novo: a atitude do médico que aplica o placebo é um componente essencial do efeito placebo, além da administração de um comprimido ou da realização de uma cirurgia fictícia.

Thomas dividiu duzentos pacientes em dois grupos ao acaso:

- Grupo A (cem pacientes): o médico lhes deu um diagnóstico firme e sua atitude foi muito positiva.

- Grupo B (cem pacientes): o médico lhes proporcionou um diagnóstico incerto e uma mensagem negativa do tipo: "Não tenho certeza do que vocês têm".

Além disso, administrou um comprimido de placebo a cinquenta pacientes de cada grupo.

Os resultados mostram que 64% dos pacientes do grupo A melhoraram, ao passo que, no grupo B, só 39% dos pacientes melhoraram. E não houve diferença entre receber ou não placebo.

A conduta positiva do médico explicava essa diferença de 25% de resposta positiva adicional.

Curiosamente, houve uma tendência a minimizar o efeito placebo ou, simplesmente, a ignorá-lo porque a pesquisa científica enfatiza o conhecimento dos mecanismos de ação dos medicamentos (ou seja, que receptores se fixam e como atuam). Além disso, aparentemente, o efeito placebo é mais fugaz e talvez seja mais difícil *vê-lo* no microscópio. Isso explicaria por que algumas vezes foi negado ou menosprezado.

Porém, quando se considera o efeito placebo como algo mais que a simples administração de uma cápsula inativa, tal como demonstra o estudo de Thomas que acabamos de descrever, abre-se outro panorama muito mais amplo e interessante.

Dessa perspectiva, a intencionalidade, as expectativas, a cultura e o significado se transformam em elementos fundamentais da terapêutica e são considerados determinantes substantivos da saúde.

Depois de terem sido publicados vários estudos que demonstram que um comprimido de açúcar carece de efeito placebo sem a atitude positiva do médico, a comunicação adequada e seu contato compassivo, o efeito placebo passa a ser mais um componente não só da terapêutica, e sim da vida em geral.

Nesse sentido, e em uma época em que os processos de atendimento à saúde poderiam se automatizar muito, afirma-se que exatamente essa é a essência da prática da medicina. Provavelmente poucos pacientes aceitariam um tratamento despersonalizado.

Não resta dúvida de que a resposta do paciente é beneficiada pela presença de um profissional da saúde atento, com empatia, que emana confiança, reforça as expectativas do doente e favorece uma resposta placebo poderosa (à qual se soma o efeito da terapêutica prescrita). É imprescindível que, mesmo quando se prescreve o melhor tratamento disponível, para maximizar os efeitos, o ato de escrever a receita seja acompanhado de ações clínicas específicas:

- ➔ falar de maneira positiva sobre os tratamentos
- ➔ favorecer e cultivar a confiança
- ➔ estabelecer relações de apoio
- ➔ explorar os valores do paciente
- ➔ alentar
- ➔ consolar
- ➔ respeitar o caráter único de cada paciente
- ➔ criar a cerimônia, o ritual

Portanto, é muito difícil dissociar o papel da pessoa que proporciona o tratamento do próprio efeito placebo. No caso dos médicos, por exemplo, o fato de ser um *curador* reputado contribui positivamente para essa resposta, e não é à toa que, na sala de espera ou no próprio consultório, muitos médicos ostentam sinais disso: mostras de seu grau de qualificação, de sua longa experiência e de sua aceitação social costumam fazer parte da decoração de muitas paredes. Assim, pois, o externo, o cenário, o *atrezzo* se transforma em um elemento importante do processo de cura, e isso é algo de que Hipócrates já falava em obras como *Dos prognósticos*, há 2500 anos.

Provavelmente, esse fenômeno observado com o médico convencional também explicaria parte do sucesso de outros curadores que, nas diferentes sociedades e diversos âmbitos, recebem o nome de *sacerdote*, *xamã*, *sábio*, *curandeiro*, *santeiro* ou *leitor de tarô e mãos*, ofícios que, de um modo ou de outro, vêm cuidando do conforto do ser humano.

Ainda, quando se analisa o que contribui para o efeito placebo, vários estudos permitiram fazer uma lista extensa de objetos, situações ou intervenções diferentes que demonstraram eficácia. Por exemplo, além de pílulas, xaropes ou comprimidos, citam-se as cicatrizes de intervenções cirúrgicas (que, em alguns casos, limitam-se a uma incisão cutânea superficial apenas suturada), diversos tipos de aplicações (como um bracelete ou um adesivo cutâneo), o tato, as palavras e os gestos (que contribuem para o ritual), o ambiente e certas atuações sociais.

Talvez seja surpreendente pensar em *intervenções cirúrgicas placebo*. Na realidade, a extirpação do corpo carotídeo ou a ligadura das artérias mamárias que comentávamos anteriormente eram *intervenções placebo*, porque nunca se conseguiu provar uma eficácia terapêutica concreta e clara. Mas, além dessas intervenções, que na época entraram na moda e eram precedidas de muita publicidade e grande expectativa, em alguns pacientes com certo tipo de dor para a qual não se encontrava nenhuma causa que a explicasse, nem nenhuma anomalia fisiológica que a sustentasse, às vezes se optava por levá-los ao centro cirúrgico, anestesiá-los levemente e fazer uma simples incisão na pele que deixava uma cicatriz ostensível. Foram descritos casos em que o paciente, acreditando que lhe haviam *seccionado o nervo* que causava a dor, deixou de senti-la.

Naturalmente, esse tipo de intervenção tem complexas conotações éticas e morais, fato pelo qual raramente é usada.

Outro fator surpreendente que contribui para a cura é o grau de adesão ao tratamento: seguir ao pé da letra as indicações do médico ou da bula do medicamento.

Durante a década de 1960 foram recrutados mais de 5 mil pacientes em um estudo conhecido como *Coronary Drug Project.*

Homens com risco elevado de padecer doenças cardiovasculares recebiam um medicamento ativo (Grupo 1) ou um placebo (Grupo 2) para reduzir um dos fatores de risco, o colesterol.

Ao cabo de cinco anos, observou-se que a mortalidade era parecida em ambos os grupos, mas o resultado variava segundo a adesão ao tratamento.

Entre os bons cumpridores do Grupo 2 (os que haviam tomado mais de 80% da dose de placebo), a mortalidade era de 15%; exatamente a mesma observada entre os pacientes do Grupo 1 (os muito cumpridores que haviam tomado o fármaco ativo).

Mas, curiosamente, entre os não cumpridores (que haviam tomado menos de 80% da dose), a mortalidade situava-se em torno de 28%, tanto entre os pacientes do Grupo 1 quanto do Grupo 2.

Enfim, parece que, nesse caso, o que marcava a diferença, mais que tomar o fármaco que devia reduzir os níveis de colesterol, era seguir as pautas de tratamento (ou seja, o ritual de tomar regularmente o remédio e, portanto, que o paciente estivesse convencido de que estava fazendo algo para reduzir seu risco de padecer uma doença cardíaca).

Provavelmente haja outros elementos além da substância placebo, como a dinâmica que se cria entre o paciente e o médico.

Poderíamos aventurar a hipótese de que talvez essa dinâmica (com todos os componentes neurológicos que possa gerar) seria válida para outras situações, além daquelas nas quais se administra um placebo no contexto do tratamento de uma doença. É possível que haja outros rituais, outras associações que ativem os mesmos mecanismos cerebrais que o fato de receber um placebo. Quem sabe uma boa comida, certo tipo de relacionamento social, ou essa música de que tanto gostamos... Enfim, coisas que temos ao alcance da mão e que podem provocar bem-estar, felicidade.

Porém, antes de adentrarmos nessa hipótese, teríamos que nos aprofundar um pouco mais nos mecanismos neuronais da resposta placebo e tentar encontrar paralelismos.

Para seguir a rota que havíamos proposto no início, vamos começar enfatizando uma ideia-chave: o efeito placebo constitui um halo que cerca até tratamentos e intervenções que por si só são eficazes, e aumenta as probabilidades de cura ou maximiza o efeito do tratamento.

Se um tratamento é eficaz, o efeito placebo aumenta essa eficácia, e se um tratamento não tem eficácia, o efeito placebo simplesmente ativa a dinâmica de cura que qualquer organismo possui.

Não podemos ignorar um debate atual sobre os placebos: o papel do placebo na medicina do século XXI, em uma sociedade controlada e com uma ciência controlada. Além disso, continua aberto um debate ético acalorado em relação ao placebo. É mais ético *enganar* o paciente com um placebo – com a possibilidade mais ou menos remota de que se cure –, ou dizer-lhe a verdade – que não dispomos de um fármaco com eficácia comprovada e que sua doença não tem cura conhecida – e, desse modo, impedir que o efeito placebo aja?

Para muitos, o uso de um medicamento placebo é um paternalismo inaceitável. E concordamos com essa reserva. Porém, nesse tipo de discussão é preciso diferenciar o simples fato de receitar umas cápsulas de sacarina fazendo o paciente acreditar que são um medicamento ativo que o curará, de outra questão mais complexa e que constitui o fundamento deste texto: o efeito placebo, o efeito positivo que muitas circunstâncias e ações exercem sobre a pessoa.

Nos bastidores do efeito placebo

Pesquisou-se bastante sobre o efeito placebo. Por exemplo, sabe-se que existe uma relação com a dose. Quando se administra uma dose maior de comprimidos placebo (um comprimido a cada oito horas), o efeito é também maior em relação aos pacientes que recebem uma dose mais baixa (um único comprimido ao dia).

Também se sabe que há diferenças na magnitude do efeito placebo em função da cor do comprimido: os azuis são mais sedativos que os rosados; os amarelos, mais estimulantes que os verdes; os vermelhos produzem uma resposta cardíaca mais acentuada que os bege.

As injeções e as incisões cirúrgicas são mais eficazes que os comprimidos.

Um fator curioso é o sexo: parece que a analgesia devida ao efeito placebo é mais acentuada no homem que na mulher (especialmente quando o médico/pesquisador é mulher).

E a resposta, além disso, não depende somente da pessoa a quem se aplica o estímulo; é influenciada também por terceiros.

Realizou-se um estudo que consistia em colocar dois grupos de homens e mulheres diante de uma situação que desencadeava uma resposta de estresse (por exemplo, ter que falar diante de um público desconhecido sobre um assunto que dominassem pouco). O que se queria era medir a reação diante dessa situação estressante (através das concentrações da substância que indica que houve uma resposta de estresse, o cortisol).

Para isso, permitiu-se aos participantes do Grupo 1 que, durante os dez minutos anteriores à prova, seu companheiro lhes proporcionasse apoio verbal. Porém, os participantes do Grupo 2 eram colocados na situação estressante sem preâmbulo.

Observou-se uma resposta diferente entre homens e mulheres:

- Quando as mulheres têm apoio de seu companheiro antes de se expor à situação estressante, aumenta o cortisol (ou seja, reagem mais ao estresse).
- Quando os homens têm apoio de sua companheira antes de se expor à situação estressante, a resposta é uma redução do cortisol.

Enfim, homens e mulheres reagem de maneira diferente ao apoio do companheiro. Poderíamos afirmar que, para os homens, o apoio de sua companheira exerce certo efeito placebo, ao passo que, para as mulheres, não se observa o mesmo efeito (mas veremos no capítulo 7 que, nesse mesmo experimento, as mulheres reagiam muito melhor quando seu companheiro lhes fazia uma massagem nos ombros e na nuca, em vez de se limitar a falar).

A informação exerce um efeito variável conforme a pessoa. Por um lado, se explicarmos a um grupo de pessoas que estamos fazendo um estudo sobre as características da dor no braço e lhes dissermos: "Agora ocorrerá um estímulo doloroso", a pontuação para a dor será menor que a comunicada por outro grupo que não tenha sido previamente informado do estímulo.

Porém, não se deve esquecer o fenômeno contrário (e do qual falaremos no capítulo 8): algumas pessoas experimentam o efeito totalmente oposto; algumas pessoas mostram ansiedade e percebem uma dor mais intensa exatamente quando sabem com antecedência que vão receber um estímulo doloroso. É o que se denomina *efeito nocebo*.

Em resumo, é difícil medir a magnitude do efeito placebo porque depende de vários fatores, dentre os quais, além dos já citados (relacionados com o próprio placebo e com quem o administra), haveria que acrescentar o sexo e a raça do paciente, sua base cultural ou as expectativas.

Pois bem, há dois pontos-chave para compreender a resposta ao placebo:

1. O efeito placebo não requer que se administre um comprimido ou que se aplique uma injeção; algo tão simples como ir ao consultório e ser tranquilizado pelo médico sobre a origem benigna de um sintoma determinado pode bastar para que este melhore ou desapareça.
2. Um placebo pode funcionar mesmo que o paciente saiba que o está tomando.

Esses dois achados sugerem que existe algum mecanismo neuropsicológico capaz de explicar a universalidade desse efeito e suas leis biológicas. Por outro lado, abrem a porta para outros efeitos adicionais – além do clássico efeito placebo descrito mais acima – que compartilhem esses mecanismos neurológicos e que, portanto, poderiam mostrar os mesmos benefícios, não só na doença, como também em situações cotidianas.

Uma breve referência aos mecanismos neurológicos que explicam o efeito placebo pode nos ajudar a elucidar essas questões e, ainda, nos proporcionará as bases para compreender por que podemos falar dos "placebos da vida".

Capítulo 3

Conexões e faíscas

> Muitas vezes me perguntei o que devem querer dizer as pessoas quando falam de uma "experiência" maravilhosa. Eu sou técnico e estou acostumado a ver as coisas tal como são. (...) Vejo a lua sobre o deserto de Tamaulipa – mais clara que nunca, talvez sim –, mas considero-a uma massa calculável que gira ao redor de nosso planeta.
>
> MAX FRISH, *Homo faber*

No capítulo anterior, havíamos chegado à conclusão de que o efeito placebo em medicina consiste em uma resposta complexa durante o processo terapêutico, e que vai além da ingestão ou injeção de um medicamento ou uma substância inativa.

Sabemos que no efeito placebo vários fatores intervêm, inclusive a capacidade de sugestão, as expectativas ou o condicionamento. Em 1990, Roger J. Bulger, da Association of Academic Health Centers de Washington, deu uma definição que leva em conta as diferentes dimensões do efeito placebo:

> É a resposta biológica iniciada no córtex cerebral que facilita a ativação dos sistemas nervoso, endócrino e imunológico. Esses sistemas permitem, então, pôr em funcionamento as ações benéficas em nível molecular e aliviar ou curar a doença.

Três mecanismos complementares

Levando em conta as bases psicológicas e neurofisiológicas da conduta (ou seja, o funcionamento dos circuitos cerebrais e a resposta das pessoas aos estímulos), o efeito placebo foi atribuído a três mecanismos provavelmente complementares.

O primeiro deles é a expectativa. Só o fato de esperar alguma coisa ou de saber que esperam algo de nós tem um efeito notável sobre nossas percepções e respostas.

Há vários exemplos: algumas pessoas respondem ante a expectativa de que podem ser avaliadas; outras respondem segundo o que acreditam que se espera delas ao serem avaliadas. Por sua vez, os avaliadores que esperam um resultado positivo de um experimento têm mais probabilidades de contabilizar um resultado determinado quando este se aproxima de suas expectativas (isto é, quando é positivo – como esperam), ao passo que é mais provável que ignorem um resultado negativo. Vejamos detalhadamente um caso curioso.

Um tema de discussão antigo é se realmente as mulheres têm menor capacidade que os homens para resolver problemas matemáticos. Vários estudos demonstraram que essa afirmação é falsa; porém, faz parte dessa nuvem de conceitos errôneos que uma grande parte das pessoas tem mais ou menos assumidos e que chamamos de *estereótipos.*

Por outro lado, um estudo demonstrou que, diante de um estereótipo, as pessoas tendem a se comportar seguindo a pauta de conduta do estereótipo, de modo que o perpetuam (dão-lhes razão). Por exemplo, os afro-americanos obtêm piores resultados em alguns exercícios quando estes fazem referência velada à raça, porque o estereótipo de sua *inferioridade* está muito difundido nos Estados Unidos.

Partindo das duas ideias, Dar-Nimrod e Heine, dois professores da Universidade de British Columbia, levaram a cabo o seguinte estudo: um grupo de mulheres foi submetido a duas provas de matemática com uma prova verbal intercalada (uma análise de texto). A particularidade era que deviam analisar três tipos de texto, especialmente relacionados com as participantes:

- Grupo 1: Um texto explicava que as mulheres tinham uma dificuldade de base genética com a matemática – isto é, que pouco se pode fazer para modificar isso.
- Grupo 2: Outro texto explicava que essa dificuldade dependia da experiência (que podia ser superada facilmente mediante a aprendizagem).
- Grupo 3: O último texto afirmava categoricamente que era falso afirmar que as mulheres obtinham piores pontuações em matemática.

Os resultados das provas realizadas nesse estudo diferiam de um grupo a outro: as mulheres dos Grupos 2 e 3 obtiveram melhores resultados na prova de matemática feita imediatamente após ler o texto que as do Grupo 1, aquelas a quem se afirmava que há diferenças genéticas (portanto, sem solução).

Outra explicação do efeito placebo faz referência ao condicionamento, que é, talvez, mais importante que as expectativas. Atentem para o seguinte experimento com roedores:

A um grupo de ratos (Grupo 1) foi administrado um poderoso medicamento, comumente usado no tratamento do câncer, junto com água açucarada.

Os ratos do Grupo 2 só receberam água açucarada.

O medicamento anticancerígeno tem a peculiaridade de ser tóxico para as células sanguíneas, de modo que produz uma diminuição das defesas imunológicas.

Pouco depois de iniciado o experimento, os ratos que haviam recebido o medicamento (Grupo 1) apresentaram problemas imunológicos, mas os do Grupo 2 (só água açucarada) continuaram com as defesas normais.

Quando os ratos do Grupo 1 recuperaram sua imunidade, metade (Grupo 1A) recebeu água açucarada; a outra metade (Grupo 1B) não recebeu nada.

Os ratos do Grupo 1A (que haviam tomado de novo água açucarada) apresentaram uma redução das defesas, apesar de, dessa vez, não terem recebido o medicamento tóxico.

Tratava-se de uma resposta condicionada ao placebo.

A terceira explicação do efeito placebo são os mecanismos neurofisiológicos, que implicam a participação de neurotransmissores e de certos neurônios.

Na prática, provavelmente os três mecanismos funcionam de maneira conjunta com intensidades diferentes, mas sempre complementando-se. Vejamos outro exemplo:

Se informarmos a uma pessoa que lhe administramos um analgésico (que, na realidade, é um placebo de sacarina), isso gerará a expectativa de que a dor desapareça. Se, em ocasiões anteriores, à administração do mesmo analgésico seguiu-se um alívio, isso condicionou as respostas futuras a essa substância ("como antes deu certo, agora também dará").

Mas, além da expectativa e do condicionamento, há um terceiro elemento: a dor é uma resposta que está mediada, dentre outras, por substâncias cerebrais chamadas *endorfinas*. Quando ocorre uma diminuição da sensação dolorosa é porque também houve uma resposta neurofisiológica a esse analgésico.

A inter-relação que existe entre os diferentes mecanismos que explicam a resposta placebo também nos permite explicar por que o efeito placebo pode ir além dos limites da terapêutica e por que é possível falar de uma grande variedade de placebos da vida (como o amplo catálogo que descreveremos no capítulo 7).

Porém, antes de chegar a esse ponto, temos que recordar alguns conceitos básicos dos circuitos químicos e elétricos do cérebro, que são os que permitem processar os estímulos e gerar as respostas, as lembranças e o pensamento em geral.

Circuitos, redes e faíscas

A neurofisiologia é cada vez mais complexa. Constantemente gera-se informação nova sobre neurotransmissores, receptores desses neurotransmissores, hormônios e fatores hormonais. Além disso, o mapa dos circuitos cerebrais e as áreas onde se produz uma determinada resposta também vão se completando cada vez mais.

Na realidade, em poucas décadas, o conhecimento nesse campo permitiu passar do mapa com poucos traços e alguns "x" sobre um pedaço de pergaminho amassado, onde só se definiam certas funções cerebrais elementares, até o mapa atual, que seria o equivalente à precisão de uma fotografia tirada por um moderno satélite.

Portanto, mergulhar no balão de vidro dos neurotransmissores fica fora do objetivo e da vontade de ser sucinto deste livro. O leitor interessado poderia lançar mão, por exemplo, de *Otimizar a vida* (onde dedicávamos algumas páginas ao resumo da neurofisiologia e seus atores e vedetes).

As questões básicas que devemos recordar para poder acompanhar o raciocínio dos próximos capítulos não são muitas. Em essência, limitam-se ao fato de que diversas substâncias (neurotransmissores, moduladores e hormônios) contribuem para a propagação dos diferentes estímulos: os dolorosos, os prazerosos, os olfativos, os visuais, os táteis, os gustativos, etc. Em função do tipo de neurotransmissores e receptores, a sensação ou a resposta serão uma ou outra.

Por exemplo, como comentávamos na seção anterior, os estímulos dolorosos dependem das endorfinas. Essa resposta costuma ser seguida da liberação de outro neurotransmissor, a dopamina, que ativa os circuitos de recompensa cerebral e da motivação (alguns autores afirmam que a ativação desse sistema de recompensa é um dos principais fatores que explicaria a resposta ao placebo).

Porém, as endorfinas e a dopamina não são os únicos implicados. Observou-se que a serotonina, os endocanabinoides ou a oxitocina também estão envolvidos. E, assim, sucessivamente.

Por outro lado, as respostas a essas substâncias (por exemplo, a resposta analgésica) são muito variadas. Assim, as citadas endorfinas, além da dor, também estão muito relacionadas a respostas cardiovasculares (aumento ou queda da pressão arterial).

Essa diversificação tem vantagens, mas pode ocasionar problemas; o que em um sistema elétrico chamaríamos de *curto-circuito*. Basta um breve exemplo:

No cérebro existe uma zona central chamada *córtex cingulado anterior*, que, além das emoções, modula dois tipos de dor: a dor física e a dor da rejeição.

Na prática, isso significa que fatores endógenos ou exógenos que aumentem a sensibilidade a um tipo de dor também poderiam aumentar a sensibilidade ao outro.

Dois exemplos ilustrativos das consequências desse curto-circuito:

1. As crianças que experimentam uma dor física intensa também costumam experimentar mais dor social por separação do cuidador (um exemplo de dor da rejeição).
2. Um aumento do apoio social se traduz em uma redução da dor social. E vários estudos demonstraram que as pessoas bem integradas e com apoio social sentem menos dor física no caso de padecer alguma doença crônica ou câncer; também experimentam menos dor após uma intervenção cirúrgica ou durante o parto.

Capítulo 4

Apresento-lhes a pedra filosofal

> Quando teus remeiros houverem conseguido deixar para trás as Sereias,
> não te indicarei com precisão qual dos dois caminhos tomarás:
> aconselha-te com teu coração; mas eu te direi como são um e outro.
>
> HOMERO, *Odisseia*, XII, 55

Chegamos à metade do caminho traçado e encontramos uma mulher que está nos últimos dias de sua gravidez. Sente-se pesada e com muita vontade de parir. Com uma mão segura a barriga, enquanto, com a outra, segura sua filha mais velha depois de sair do trabalho. Tem um monte de coisas para fazer, mas depois as fará; agora tem que ir ao parque.

Já notou a sensação de tranquilidade transmida pelas mulheres que estão prestes a dar à luz?

Entre outras mudanças hormonais, no final da gravidez o corpo das mulheres começa a produzir grandes quantidades de oxitocina.

A oxitocina foi o primeiro hormônio a ser descoberto. Em 1928, o biólogo alemão Ernst Scharrer identificou-a em um peixe e logo se observou sua presença também na espécie humana, tanto no homem quanto na mulher. Porém, foi necessário que se passassem duas décadas até que se conhecesse sua estrutura química –, portanto, até abrir a porta para sua fabricação industrial para uso clínico. Vincent du Vigneaud recebeu o prêmio Nobel em 1955 por descrever os nove aminoácidos que configuram a oxitocina.

O parto veloz

William Smellie foi um obstetra escocês do século XVIII que descreveu pela primeira vez o funcionamento mecânico do útero durante o parto. Na realidade, desde tempos imemoriais sabia-se que a administração de algumas substâncias induzia as dores do parto em mulheres com o *útero preguiçoso*. Os médicos egípcios, por exemplo, receitavam mel com maconha, aipo com leite ou zimbro com excrementos de mosca; sabiam que todas essas substâncias têm propriedades *oxitócicas*, palavra de origem grega que significa "parto rápido ou acelerado".

William Smellie foi um pouco além e observou que as contrações da musculatura do útero grávido favoreciam a saída do bebê e – outro aspecto tanto ou mais importante que esse – que as contrações adicionais, depois de ter expulsado a placenta, reduziam o tamanho do útero. Assim, essa mesma contração servia para ir tamponando os vasos sanguíneos que até poucos minutos antes haviam servido para nutrir o feto através da placenta e do cordão umbilical. A contração adequada do útero após o parto evita um dos principais perigos que dar à luz representa para a mãe: a hemorragia puerperal, que continua causando tantos óbitos, especialmente em países da África e da América Latina.

A descoberta da oxitocina permitiu observar que era justamente esse o hormônio responsável por essa função vital, e Du Vigneaud tornou possível que os laboratórios Sandoz comercializassem um preparado chamado Sintocynon (oxitocina sintética) em 1958. Esse fato mudou o atendimento ao parto: não só se acrescentava um novo medicamento ao pequeno arsenal terapêutico para evitar a temida hemorragia após o parto (desde o início do século XX dispunha-se, também, de outra substância chamada *ergometrina*), como também a oxitocina começou a ser empregada para acelerar o parto em maternidades, em uma época em que se mecanizou enormemente essa função fisiológica da mulher.

Vamos avançar um pouco mais. A oxitocina tem outro papel no período imediato ao parto: favorece a ejeção do leite. O filhote humano é o mais dependente do adulto; diferente de qualquer outro mamífero, a criança requer a atenção e o cuidado de seus pais durante anos antes de poder sobreviver por si só. A lactação materna é um dos fatores que permitem um desenvolvimento ótimo do bebê, posto que, além dos nutrientes, o leite materno fornece defesas contra diversos tipos de infecções e contribui para fortalecer os laços de união entre a mãe e o filho (o que, na literatura científica em inglês, é denominado *bonding*).

Aprofundando-se o conhecimento da oxitocina, logo se descobriu algo que, felizmente, obrigou a mudar um pouco a dinâmica do parto desumanizado tão em voga na segunda metade do século XX nas sociedades industrializadas. Agora, está sendo promovido como prática essencial em todo o mundo.

Enquanto estava escrevendo este capítulo, chegou um *e-mail* com um informe redigido pela Unicef e pela OMS dirigido aos países onde a mortalidade infantil é mais elevada.

Os autores concluem que é possível evitar até 22% das mortes de bebês durante o primeiro mês de vida com a prática generalizada de uma manobra simples e eficaz. Há alguns anos observou-se que colocar o bebê sobre o peito da mãe poucos minutos depois do parto produz um pico na secreção de oxitocina da mãe, o que favorece a imediata ejeção do leite (e contribui, de maneira natural, para intensificar a contração uterina tão necessária).

O recém-nascido, colocado pele com pele sobre a mãe, arrasta-se sobre ela, cheira-a e pressiona os mamilos com suas mãos enquanto vai aproximando sua boca de um deles para começar a sugar. É o que se conhece como *breast crawl* (http://breastcrawl.org). Além da lactação, esses primeiros minutos são essenciais para reforçar os laços de união entre mãe e filho.

O fato de permitir que em uma sala de parto – com sua luz agressiva e um ambiente tão instrumentalizado – mãe e filho retomem o contato só faz reproduzir uma manobra que devia ser a habitual e fisiológica alguns séculos atrás (e com certeza ainda é em sociedades que praticam o parto de cócoras).

Sabendo disso, talvez não nos pareça muito chocante citar um costume tradicional da medicina chinesa: quando o parto necessita de um estímulo para evitar o sofrimento fetal, aconselha-se uma ducha fria, que endurece os mamilos; isso provoca a liberação imediata de oxitocina e, assim, conseguem-se as esperadas contrações.

Make love, not war?

Se você conserva em casa alguma enciclopédia publicada há mais de quinze anos, pode dar uma olhada no verbete *oxitocina*. Muito provavelmente encontrará uma frase parecida a esta: "Desconhece-se o papel da oxitocina no homem".

Felizmente, nos últimos anos vários pesquisadores se repetiram diversas vezes a pergunta: por que o homem tem oxitocina se não pode engravidar nem amamentar?

A resposta permitiu avançar muito no conhecimento dos relacionamentos humanos, e suas consequências chegam até a afetar a esfera social, por exemplo, aumentando a confiança em uma reunião de negócios, como descreveremos mais adiante.

Mas, voltemos ao início. Era lógico pensar que, se a oxitocina possuía esse efeito reprodutor, talvez também tivesse um papel nas relações sexuais. Efetivamente, logo se descobriu que a estimulação sexual desencadeia um aumento de oxitocina que chega a uma concentração máxima durante o orgasmo. Alguns estudos inclusive demonstram que a intensidade das contrações musculares durante o orgasmo, tanto em homens quanto em mulheres, está muito relacionada à quantidade de oxitocina presente.

Se der uma olhada na Internet, provavelmente encontrará muitos *sites* que se referem à oxitocina como o *hormônio do amor*, um adjetivo com inquestionável gancho jornalístico que, com toda a certeza, deve ter permitido montar mais de um negócio fraudulento vendendo amor em garrafas, aproveitando para lucrar a partir de bases científicas que ainda estão sendo investigadas. Pois bem, negócios à parte, há algo de acertado nessa descrição.

Os conhecimentos iniciais sobre as funções sociais da oxitocina foram obtidos observando-se o roedor *Microtus ochrogaster*.

O *Microtus ochrogaster* – que chamaremos simplesmente de *rato silvestre* – tem a particularidade de ser um dos poucos mamíferos monógamos. Após uma cópula muito longa, o rato silvestre une-se para sempre com sua parceira e ambos passam horas limpando um ao outro e preparando a toca comum. Não procuram novos parceiros potenciais; o macho se transforma em um guardião da fêmea contra outros machos, e ambos cuidam da prole.

O curioso é que existe também o rato da montanha, e a diferença mais relevante com o rato silvestre é que o da montanha só está interessado em sua parceira enquanto dura a cópula. Qual é a explicação química? Dois hormônios que o rato silvestre secreta quando está com sua parceira, mas que o da montanha não tem: a oxitocina e a vasopressina.

Foi comprovado que, quando se impede a secreção desses hormônios, o rato silvestre se torna tão promíscuo quanto seu parente da montanha. Também foi comprovado que, quando se injetam os dois hormônios em um rato silvestre sem que tenha relações sexuais, ele escolhe a fêmea mais próxima como *sua* parceira.

Mas a chave do assunto foi encontrada ao tentar responder à pergunta: o que acontece se injetarmos os hormônios no rato da montanha? A resposta é que não acontece nada, e o motivo é simples: o rato silvestre tem receptores específicos para a oxitocina e para a vasopressina nas áreas do cérebro relacionadas com a recompensa; o da montanha carece deles e, portanto, seu corpo não reconhece a oxitocina.

Quando os dois hormônios chegam aos receptores que o rato silvestre tem, a resposta se transforma em uma sensação de bem-estar (da qual também participa o neurotransmissor dopamina).

O sistema de recompensa impede que qualquer animal – inclusive o homem – se esqueça de beber, de comer ou de copular. Sente-se bem seguindo essas condutas, e as repete sempre que pode e enquanto o sistema de saciedade não o impede.

O que torna o rato silvestre especial é a oxitocina e a vasopressina: ambos os hormônios participam de uma função cerebral muito específica, que é o reconhecimento dos indivíduos, o reconhecimento social. Na espécie humana acontece algo parecido.

Os achados sobre a oxitocina e muitas pesquisas com mamíferos e humanos permitiram elucidar o papel desse hormônio no estabelecimento das relações sociais.

Se o filósofo Baruch Spinoza dizia que o homem é um "animal social", a ciência atual está em condições de explicar as razões biológicas que apoiam essa afirmação, e a oxitocina tem um papel essencial: justifica por que se estabelecem esses laços afetivos entre seres humanos (e também permite sugerir o que acontece nos neurônios de quem tem patologias sociais).

O ser humano se vê obrigado a enfrentar um paradoxo que é fundamental para que a espécie sobreviva: sente-se atraído e é cortejado por indivíduos geneticamente não relacionados; cresce entre eles. A tendência natural, segundo a lógica da biologia, seria evitar esses contatos, exceto para procriar.

> A oxitocina e seus circuitos são a estratégia psicológica para permitir superar a fobia ao indivíduo desconhecido, para se relacionar e criar laços de união – às vezes muito poderosos e duradouros – com um estranho e poder ter descendência.
>
> D. Marazziti

É preciso recordar algo que apontamos anteriormente: o filhote humano precisa da proteção dos progenitores durante muito mais tempo que outras espécies de mamíferos. A biologia dispôs os mecanismos para que isso fosse possível.

A influência do outro

Em seu inteligente *Los secretos de la comunicación*, o linguista Sebastià Serrano analisa a complexa trama dos relacionamentos entre as pessoas e propõe uma *dieta* à base de conversa e contato, como fundamento para tentar dar sentido à sociedade do século XXI, uma sociedade em que as regras são ditadas pela pressa, pelo excesso de informação e pelos relacionamentos superficiais. Na sala de máquinas, os aparelhos que estão por trás dessas propostas – os protagonistas – são algumas pequenas moléculas que ativam e desativam os neurônios encarregados de elaborar respostas complexas. São os responsáveis por nos fazer sentir bem ou mal.

Por exemplo, em um casal consolidado, o apego prediz uma boa concentração de oxitocina. Mas o que nos interessa aqui é que isso vai além de uma simples medição de laboratório; o importante é sua tradução: em uma situação que gera estresse, a oxitocina reduz a ansiedade e a sensação de estresse, de modo que, quando há apoio por parte do cônjuge (o que causa secreção de oxitocina), o componente da pessoa submetida a estresse sente menos esse estresse (seu organismo responde secretando menos cortisol). E, ao contrário, se um dos cônjuges é submetido a uma situação de estresse (aumenta o cortisol), a presença ativa do outro cônjuge faz com que seu organismo responda secretando oxitocina, que exercerá o já conhecido efeito ansiolítico e contra-atacará os efeitos nocivos do cortisol.

Enfim, o grande achado dos últimos tempos é que a oxitocina secretada pela proximidade física, pelo contato físico, a conduta pró-social, a ingestão de alimentos (ou a fase anterior à ingestão, como vê-los, cheirá-los ou desejá-los) promove um estado de resistência ao estresse e maior tranquilidade. Isso é interpretado como bem-estar.

Há dois grupos de pesquisadores que são os principais responsáveis por esses novos conhecimentos. Trata-se da equipe de Kerstin Uvnäs-Moberg, da universidade sueca de Uppsala e do instituto Kalolinska de Estocolmo, autor de diversas publicações sobre as funções da oxitcocina desde 1998, e da equipe de Stephen Porges e Sue Carter, da universidade norte-americana de Illinois.

Em essência, suas pesquisas começaram ao constatar que, além do parto e da estimulação do mamilo durante a amamentação, há outras atividades que favorecem a secreção de oxitocina, por exemplo:

- ➔ massagem
- ➔ clímax sexual
- ➔ imersão em água morna

- ➔ eletroacupuntura
- ➔ carícias
- ➔ alimentação
- ➔ vibração
- ➔ cuidar da aparência

As interações sociais trazem em si estados emocionais positivos que conduzem às adaptações fisiológicas necessárias para relaxar, digerir, levar a cabo o metabolismo anabólico, crescer ou se curar. E segundo confirmaram vários estudos, o elemento químico comum a todas essas funções é a oxitocina.

Estímulos sensoriais agradáveis como o tato, determinados cheiros ou cores estão implicados na secreção desse hormônio, de modo que a oxitocina parece mediar as consequências das interações sociais positivas: reduz a atividade simpática (a que prepara para lutar ou fugir na resposta a uma situação de estresse) e aumenta a parassimpática (que tem efeitos opostos). Isso explica o efeito ansiolítico ou *antiestresse* a que nos referíamos anteriormente.

Um detalhe importante: os efeitos da oxitocina são mais pronunciados após a exposição repetida que após a exposição pontual. Ou seja, de algum modo, a pessoa se beneficia com relacionamentos positivos prolongados.

E outro: a liberação de oxitocina parece uma resposta que pode ser condicionada, de maneira que a representação mental de situações positivas (sua recordação) favorece a secreção de oxitocina, sem ter que experimentar necessariamente o estímulo positivo de novo.

Ambos os detalhes contribuem para sustentar o conceito de *placebos da vida*.

A oxitocina é o hormônio dos laços sociais e do apego. Poderíamos dizer que é o hormônio que nos beneficia a partir das relações sociais satisfatórias – de sentir-se parte do grupo –, aquelas que dão importância ao que o escritor Josep Pla citou certa ocasião: "o círculo de amigos, de conhecidos e de cumprimentados".

Esse papel nas relações sociais ainda é um campo em estudo, porém, tudo leva a crer que a oxitocina poderia ser a protagonista no reconhecimento das micromensagens durante a comunicação humana. O fundamento é um experimento realizado com ratos de laboratório:

Os ratos reconhecem o cheiro de outro rato que tenha sofrido estresse. Assim, quando temos um grupo de ratos em uma gaiola e introduzimos um novo rato *estressado*, os que estão na gaiola respondem aumentando seu nível de estresse.

Ao contrário, quando injetamos uma dose de oxitocina em um rato, esse hormônio lhe causa sedação. Ao colocar o rato na gaiola, os animais que estão nela percebem a tranquilidade do novo inquilino e eles mesmos reagem de um modo mais tranquilo, sem ter recebido oxitocina.

Outro experimento que apoia o papel da oxitocina na transmissão da informação social entre ratos foi realizado observando as preferências ao escolher um chá com um aroma determinado. Um rato tem mais probabilidade de escolher o chá que uma companheira de gaiola acaba de tomar, desde que seus níveis de oxitocina sejam normais. Quando a liberação desse hormônio é bloqueada, desaparece esse efeito de mimetismo social.

Essas pesquisas permitiram ir além na comprovação de diferentes hipóteses sobre aspectos da conduta humana dos quais a oxitocina participa.

Por exemplo, a oxitocina atenua a evitação passiva, de modo que a relação satisfatória entre os membros de um casal estimula a secreção de oxitocina, o que diminui o tempo de latência para que ocorram encontros posteriores. A oxitocina reduz o medo e, ao envolver o sistema de recompensa, reforça o apego; em outras palavras, cria essa espécie de *vício* próprio da paixão ou das relações sociais altamente satisfatórias.

Durante essa etapa, os participantes sentem-se seguros, e isso contribui para a liberação de oxitocina, o que contra-ataca o sistema de imobilização (que, originalmente, tinha a função de adaptar-se ao medo e evitar perigos potenciais). Nesse estado de mobilidade, favorece-se a reprodução e percebem-se as experiências sensoriais agradáveis originadas em várias partes do corpo, começando pela pele. Do ponto de vista psicológico, essas sensações têm um efeito de reforço positivo e, além disso, são associadas ao *partenaire*: você gosta de estar com seu parceiro.

É importante apontar que algumas dessas sensações viscerais poderiam ser interpretadas como algo doloroso em outro contexto; porém, agora são interpretadas como experiências de prazer, de êxtase. Isto é, o estado de reforço social positivo pode modular a dor. Mais adiante, descreveremos alguns estudos que demonstram que a presença ativa do cônjuge, em uma situação de dor física por doença, reduz a percepção dolorosa.

Por ora, seguiremos o caminho do outro efeito, o que nos permitirá fechar este incompleto catálogo de papéis de nossa pedra filosofal: a oxitocina permite aumentar a confiança mútua entre os integrantes de um grupo social, que começa pelo casal e se estende a círculos mais amplos.

As consequências econômicas da confiança mútua

O fato de não ver quem nos cerca como inimigos potenciais permite estabelecer uma série de relacionamentos baseados na confiança que, como sociedade, têm um resultado satisfatório para a maioria dos integrantes. Para isso, são necessários alguns requisitos; o primeiro deles é a capacidade de identificar corretamente o estado mental do outro, como ele se sente. Seria o que se chama de *empatia*.

Recentemente demonstrou-se que a oxitocina aumenta a capacidade de *ler a mente* (*mind-reading* na literatura científica). Um estudo simples foi realizado, e repetido por vários autores. Pede-se a trinta homens voluntários que identifiquem o estado mental em um bom número de fotografias que mostram rostos com diversos tipos de expressão (sorridente, zangado, neutro). Quando se administra um aerossol nasal de oxitocina a um grupo desses voluntários, observa-se que se tornam mais capazes de identificar corretamente o estado mental de outras pessoas mediante o contato visual, em comparação com os participantes que não recebem oxitocina.

Na mesma linha, mas tentando ir um pouco além, um grupo de voluntários foi convidado a participar de um jogo de apostas com implicações econômicas, que requeria a confiança do participante. De novo, os voluntários que receberam oxitocina em forma de aerossol nasal mostraram-se mais confiantes e arriscaram mais que os voluntários que não receberam oxitocina.

Procurando informação sobre a confiança e a oxitocina, chegou às minhas mãos um artigo de Paul J. Zak, do Center for Neuroeconomic Studies em Claremon (Estados Unidos). A tese desse autor é que o apego social é vital para a saúde e o bem-estar, e que a confiança interpessoal em uma sociedade constitui um dos fatores preditivos mais importantes do grau de pobreza do país. Tendo em conta o papel da oxitocina na confiança mútua, Zak abria, assim, a porta aos estudos de neuroeconomia.

Como um postal, para a recordação deste capítulo

A oxitocina é uma substância da qual, à medida que vai sendo conhecida, se descobrem mais funções. Além do estritamente reprodutor, tem efeitos ansiolíticos, antidepressivos e *antiestresse*; é uma substância essencial para o estabelecimento de relações sociais satisfatórias e é produzida em grandes quantidades, não só durante as relações sexuais, como também na presença do cônjuge ou de pessoas próximas, a partir do contato físico ou de massagens suaves, e após vários estímulos olfativos, visuais ou auditivos.

Naturalmente, a oxitocina não está sozinha na maré de neurotransmissores e hormônios que, no cérebro, permitem o funcionamento do organismo e sua relação com o ambiente.

A secreção de oxitocina está relacionada à secreção de dopamina (ativa o sistema de recompensa e prazer) e serotonina (sua falta é associada à depressão). Mas, sobretudo, a secreção de oxitocina está associada à secreção de vasopressina.

A vasopressina é um hormônio com efeitos principalmente antidiuréticos e uma estrutura química muito parecida à oxitocina. Só diremos que age na formação das lembranças e está muito relacionada à agressividade. Especificamente, após as relações sexuais, os machos experimentam um aumento da vasopressina, o que favorece a agressividade para com os outros machos do grupo. Nesse sentido, teria um efeito contrário ao da oxitocina, que seria o hormônio que tende a fomentar os relacionamentos tranquilos no grupo.

Abrimos este capítulo com uma passagem da *Odisseia*, de Homero, na qual Circe diz a Ulisses que não lhe indicará qual dos dois caminhos deve tomar para seguir viagem – pois a decisão tem que ser dele –, mas que lhe descreverá como são ambos. Essa é também a filosofia de *Pequenas grandes coisas* em geral, e destes capítulos em particular: levar o conhecimento científico ao leitor, transmitir informação confiável baseada em provas, para que cada um tome suas decisões com conhecimento de causa.

Capítulo 5

A diferença está do lado de dentro

When you are smiling
the whole world
que também vela por sua amargura
smiles with you...
MARIO BENEDETTI, *Poemas*

Estamos nos aproximando de nosso destino: o bazar do prazer, o grande mercado do bem-estar e os placebos. Já encontramos a pedra filosofal que permite o intercâmbio, a oxitocina; porém, falta algo tão importante ou mais que ter encontrado esse hormônio: saber como se deve utilizá-lo. Assim, pois, podemos aproveitar o remanso de paz e frescor do oásis, primeiro para descansar de tanta química e tanta neurologia e, também, para nos dedicarmos a uma das melhores coisas que existem no viajar: conhecer as histórias que as pessoas com que vamos encontrando nos contam.

Eletricidade estática, magnetismo e outras forças invisíveis

Se dou marcha a ré na memória, uma das imagens que surge sistematicamente são as ruas de paralelepípedo de Barcelona no final da década de 1960 nos arredores do Born – onde ficava o mercado da cidade –, os bondes subindo e descendo pelo passeio de Sant Joan, e os Seat 600 e os Dauphine com uma

correia de borracha que pendia do para-choque posterior até o chão, ao lado do escapamento (ao lado).

Segundo meu tio Carles me explicou, esse acessório tinha a função de eliminar a eletricidade estática do automóvel e, desse modo, evitava que os passageiros ficassem mareados. "*Ensarronades!*", concluía meu tio: Superstição!

Não encontrei nenhum estudo científico que avalize os efeitos reais dessas correias. Nenhum ensaio clínico que, para dar um exemplo, pedisse a cinquenta automobilistas e a seus filhos que fossem de carro ao pico de uma montanha de primeira categoria com suas correspondentes curvas fechadas, e contabilizassem quais haviam tido que parar mais vezes: se os 25 que usavam a correia *antienjoo* ou os 25 que não a usavam.

Porém, com o que sabemos agora sobre o efeito placebo, não é muito descabido pensar que se quem usasse a correia fizesse propaganda suficiente desse acessório e suas propriedades, provavelmente haveria menos passageiros mareados. O efeito placebo tem um papel importante no enjoo, e também em outros aspectos da vida. Embora não tenha explicado com essas palavras, meu tio, com seu "*ensarronades!*", quis dizer isso que lhes relatei.

Hoje em dia, são comercializados uns artefatos que exercem pressão sobre algum ponto de acupuntura com a finalidade de evitar as náuseas. E muitas pessoas usam braceletes magnéticos para reduzir a dor por artrose de joelho ou de quadril.

Setenta e sete pessoas foram convidadas a participar de um estudo sobre o efeito de duas marcas diferentes de braceletes que agem contra enjoo mediante estimulação do ponto de acupuntura P6/Neiguan. Resumindo, os voluntários foram divididos em três grupos:

- Bracelete comercial, participantes *leigos*: explicaram a eles que servia para evitar enjoos.
- Bracelete comercial, participantes *treinados*: receberam o prospecto e foram ensinados a colocar o bracelete exatamente sobre o ponto de acupuntura.
- Bracelete *placebo*: receberam um bracelete de material neutro e a explicação de que servia para evitar enjoo.

Todos os participantes foram submetidos a um teste de rotação durante vinte minutos; a seguir, mediu-se o grau de tontura percebido, assim como as náuseas e sintomas gástricos.

Não houve nenhuma diferença entre os grupos: a proporção de voluntários com o mal-estar foi similar. O efeito conseguido pelos braceletes foi, portanto, o mesmo que o do placebo (ou o placebo conseguia o mesmo resultado que os braceletes, dependendo do ponto de vista).

"Take the A train"

Minha relação com a palavra *placebo* é longa e evoluiu com o tempo. Foi essa relação prolongada que me levou até a elaboração deste livro, a partir de uma progressiva ampliação das fronteiras de seu significado.

Eu a ouvi pela primeira vez em 1981, quando era citada, sem aprofundar muito, em alguma matéria do segundo ano de medicina. Um ano depois, fiquei plenamente consciente de seu significado médico ao estudar farmacologia; então, ensinaram-me o valor dos estudos que incluem um grupo de pacientes de controle, que são tratados com placebo para determinar se a eficácia de um medicamento novo se deve exatamente à molécula, e não ao fato de se tomar um remédio (como explicamos no capítulo 2).

Em 1994, Joan-Ramon Laporte me propôs colaborar com ele na redação de um artigo de revisão sobre o efeito placebo que seria publicado na revista *The Lancet* como parte de uma série de trabalhos sobre esse tema elaborados por diversos especialistas. O nosso abordava o efeito placebo na prática da psiquiatria e nos ensaios clínicos com os chamados *psicofármacos*: medicamentos utilizados no tratamento de quadros clínicos como a ansiedade, a depressão e a esquizofrenia.

Encontrei, de maneira intuitiva, a pista inicial sobre a existência do efeito placebo que podiam ter o ambiente, as pessoas que nos cercam e as coisas com que interagimos; foi entre o episódio das correias magnéticas dos carros e minha relação farmacológica com os tratamentos placebos.

Foi no apartamento de minha avó, no passeio de Sant Joan. Ela tinha ali um quarto amplo, com um bom aparelho de som, aquela que seria minha primeira biblioteca e algumas dúzias de discos, principalmente de *jazz* e de trilhas sonoras de filmes. Eu costumava passar os fins de semana e minhas férias ali, de modo que tinha uma série de rotinas mais ou menos estabelecidas. Aquelas coisas que fazemos sem pensar muito, de uma maneira quase automática.

Às sextas-feiras à tarde, quando chegava, a primeira coisa que fazia era pôr um disco da orquestra de Duke Ellington que começava com a peça "Take the A Train", uma animada homenagem à linha A do metrô de Nova York, a que sobe de Manhattan até o Harlem, onde ficavam os principais clubes de *jazz* da época. Seguiam-se outras como "Mood Indigo" ou "Satin Doll". Mas o disco começava com "Take the A Train", e isso é importante para o que quero lhes explicar.

Uma sexta-feira, cheguei bastante mal-humorado porque havia sido um daqueles dias do final da adolescência em que sentimos que nada deu certo, que o mundo está contra nós e que a vida é um drama. Não lembro as causas. Mas lembro perfeitamente que me sentei no sofá abatido, zangado e farto de muitas coisas, após deixar meus cadernos em cima da escrivaninha e, como sempre, liguei o toca-discos e coloquei o velho *long-play* de Duke Ellington.

Com os primeiros compassos de uma música que eu sabia de cor, percebi literalmente que meu mau humor desaparecia rapidamente, assim como a neblina desaparece de manhã. Parecia que haviam aberto a escura e pesada cortina de veludo vermelho que cobria meu pensamento, e, em seu lugar, aparecia a tela em branco na qual iam projetar uma comédia.

O interessante desse caso – que com certeza vocês terão vivido em primeira pessoa algumas vezes – é que tive ciência de que certo tipo de música tinha a propriedade de mudar meu estado de ânimo em poucos segundos. E comprovei isso em mais ocasiões posteriormente.

Tratava-se de uma música que eu associava ao fim de semana, a um estado de relaxamento mental, a um espaço de liberdade, a um tempo para mim mesmo e fora do tempo do mundo. Esse é o truque.

A orquestra de Duke Ellington fez dançar muitos casais no Carnegie Hall e em outros teatros; porém, não acho que sua peça "Take the A Train" tenha nenhum efeito esotérico nem terapêutico particular. A *magia* dessa composição é a mesma que pode ter uma peça para órgão de Bach, uma sonata de Beethoven, Astrud Gilberto cantando "Desafinado" acompanhada por Stan Getz no sax, "Babaji" do Supertramp ou "Hips don't lie", da Shakira.

O bom é que não se trata de um padrão de notas nem de um ritmo particular. O bom é que qualquer música serve. Ou, dito de modo mais preciso, cada pessoa tem sua própria música, a que exerce sobre ela este efeito relaxante.

Para mim, "Take the A Train" – e tantas outras músicas! – é um *placebo*. Um desses placebos da vida que me fazem sentir bem quando as ouço.

Pouco a pouco, fui percebendo que essa propriedade não é exclusiva da música. Placebos da vida – *pequenas grandes coisas* –, há muitos. Falta apena descobri-los, e no capítulo 7 falaremos deles, à medida que os formos encontrando no bazar de que lhes falei.

Foi elaborado um estudo para ver os efeitos da música sobre a ansiedade.

Para isso, foram recrutados 98 pacientes com *pedras* nos rins que tinham que se submeter a uma pequena intervenção para reduzir o tamanho dos cálculos.

Cinquenta receberam o sedativo habitual cinco minutos antes da intervenção.

Aos 48 restantes pediram que trouxessem de casa a música de que gostassem, e lhes permitiram que a ouvissem com fones de ouvido durante o procedimento.

O grupo de pacientes que ouviu *sua* música apresentou menor aumento da pressão arterial e seu nível de ansiedade durante a intervenção foi significativamente menor que no grupo que não ouviu música, mas que recebeu um medicamento sedativo.

O conforto e um menor nível de ansiedade nas intervenções que requerem que o paciente esteja consciente contribuem indiretamente para que ele, além de se sentir melhor, tenha menos dor.

Noite de *santería** em Havana

Os rituais, a conversa e o contato são ferramentas das quais se servem os xamãs, sacerdotes, adivinhos ou curandeiros. Enfim, é uma maneira de fazer despertar essa ativação de circuitos neuronais e de secreção de neurotransmissores e hormônios neuronais envolvidos na cura mediante o efeito placebo.

Em setembro de 1998, eu estava em Havana com uns colegas de trabalho. Toni me convidou a ir à casa de Noema, em Marianao, para assistir à cerimônia semanal de *santería* que celebravam na sala de jantar.

Seu cunhado Omar nos esperava em frente à famosa sorveteria Coppelia de la Rampa com seu Fiat 400 azul-claro dos anos 1950, cujo carburador, de quando em quando, soltava explosões. Foi ele quem nos conduziu até um lugar afastado dos bairros elegantes pelos quais circulam os turistas, ali onde Havana, à noite, se transforma em um magma escuro em que as pessoas se guiam pela luz rala que sai das janelinhas e das portas abertas das casas.

Fomos recebidos por Victoria, que saiu da cozinha com uma bandeja e cinco cafés. Era a mãe de Noema, uma mulher de pele negra e acentuadas feições africanas, que estava completamente vestida de branco, inclusive as meias, os tamancos e o lenço com que cobria a cabeça. Contrastava com Noema, uma garota de belas feições, sorriso acentuadíssimo e fácil, com a pele de um negro intenso e mate – como ébano acabado de talhar – e um perfume adocicado e penetrante que perdurava na pituitária e turvava levemente a razão. Percebia-se que, naquela noite, Noema havia se arrumado para receber seus convidados: usava um

* A *santería* consiste em um culto cubano de adoração a divindades surgidas do sincretismo entre crenças africanas e a religião católica. (N. T.)

vestido de veludo vermelho, justo e curto, e um colete preto adornado com uma discreta faixa dourada que potencializava a sensação de elegância. Finalmente, surgiu a irmã mais nova de Noema, também vestida de branco, como sua mãe.

"Podemos começar quando quiserem", anunciou Victoria com sua voz grossa. "Vai ser no andar de cima."

A cerimônia ia acontecer no espaço que fazia as vezes de *hall*, sala de estar e de jantar. Haviam colocado, frente a frente, duas fileiras de cadeiras, provavelmente emprestadas de várias casas vizinhas; estavam encostadas nas paredes laterais da sala, de modo que deixavam um corredor central livre. Quando chegamos, uma dezena de pessoas que já estava sentada nos recebeu com sorrisos e festa. Seguimos suas indicações e também nos sentamos. Tínhamos que esperar: ainda chegaram mais algumas pessoas, dentre as quais havia umas gêmeas do bairro que naquele dia completavam treze anos.

A maioria dos presentes era mulher. Na realidade, todas eram, excetuando um vovô de aspecto quixotesco, um rapaz jovem sentado no fundo, Omar e nós.

A cerimônia começou quando apareceu uma mulher de idade, de cabelo branco e curto preso com um elástico. Chamava-se Livudina, e logo percebi que era como a matriarca do grupo, a pessoa que conduziria a cerimônia.

Livudina pediu silêncio e cessaram os risos e a conversa.

A mesa dobrável da sala de jantar estava em um canto, no fundo da sala. Haviam-na coberto com uma toalha de mesa branca, e sobre ela, como se fosse um altar, havia um grande vaso com flores, seis copos de vidro transparente cheios de água e postos em duas fileiras de três em três flanqueando uma taça, também de vidro, também com água e, além disso, uma cruz de prata submersa nela. Junto à parede, duas garrafas de rum, uma caixa de charutos, um chapéu de palha e três metades de cocos.

Alguns meses depois eu lia *Écue-Yamba-O*, e as descrições precisas e vívidas de Carpentier me recordaram a cerimônia daquela noite em Marianao:

> À altura de seus olhos, uma mesa coberta de rendas toscas sustentava um verdadeiro conclave de divindades e atributos. As imagens cristãs, para começar, gozavam livremente dos esplendores de uma vida secreta, ignorada pelos não iniciados. No centro, sobre a pele de um achatado tambor ritual, erguia-se Oblatá, o crucificado, preso em uma rede de colares entretecidos. A seus pés, Yemayá, diminuta Virgen de Regla, estava presa em uma garrafa de vidro.*

Porém, naquela noite em Havana eu tinha plena consciência de que aquilo não era literatura nem alucinações provocadas pelos *mojitos*. Prossigo com as anotações que fiz naquela mesma noite de volta ao hotel:

> A matriarca torna a pedir silêncio, pega um lenço azul-claro com filetes azul-marinho e estende-o sobre seu regaço, como um guardanapo grande. Alguém apaga a luz da sala – mas não a da cozinha nem a que ilumina o local por onde entramos, de modo que não há luz direta, mas nos vemos perfeitamente. Naquele momento, todo o mundo se persigna e Livudina começa a rezar um pai-nosso e uma salve-rainha. É a exemplificação da mistura de cultos, os elementos esotéricos não católicos convivendo com um relógio de parede que ostenta um sagrado coração desenhado na esfera por onde se deslocam os ponteiros.

---

* Alejo Carpentier, *Écue-Yamba-O*, Alianza, Madri, 2002.

Após a oração conjunta e participada, umas palavras de início da cerimônia e um segundo pai-nosso, cada um dos presentes vai se aproximando da mesa; molhamos as mãos com umas gotas de perfume de flores, depois as colocamos em uma bacia de água com pétalas brancas e cheirosas que está no chão, ao pé da mesa, e molhamos a nuca e os braços. Depois, temos que sacudir os dedos sobre os seis copos e a taça, mas as manobras intermediárias, desde o momento em que molhamos as mãos na bacia até que as sacudimos, variam conforme a vontade ou a inspiração de cada um: há quem passe as mãos sobre a cabeça em semicírculo e sacuda os dedos com força; há quem, além disso, passe as mãos sobre o peito ou as costas, antes de sacudi-las. Tenho a impressão de que o objetivo do ritual é afastar os maus espíritos. Mais tarde, Noema confirma.

As duas horas posteriores têm duas partes bem diferenciadas que começam depois de cada presente ter pego um charuto da caixa que corre de mão em mão, e depois de termos passado as metades de cocos cheias de rum, mas não para beber como se estivéssemos em uma espécie de comunhão católica, e sim para sorver um pouco e cuspir com força no chão, com os lábios franzidos para conseguir maior aspersão do álcool sobre as lajotas que estão entre as duas fileiras de cadeiras.

Durante a primeira parte predominam os cantos de frases repetitivas acompanhadas ou do ritmo dos pés batendo no chão, ou dos golpes secos, lentos e solenes de um bastão enrolado em trapos verdes e vermelhos (o *págugu*) que uma mulher percute nas lajotas para ajudar a invocar os espíritos. Muitas vezes, esses cantos são uma resposta breve à alocução que a matriarca faz. Lembra-me muito umas gravações dos verdadeiros *negro spirituals* que eram cantados no começo do século xx no Sul dos Estados Unidos nos cultos protestantes ou presbiterianos.

Diferentes crenças, mas as mesmas raízes – africanas; e uma mesma vontade, a de tentar evitar a grande questão que é a insegurança diante do nada, diante da solidão eterna ou do vazio.

De repente, Victoria começa a convulsionar em sua cadeira. No início é um movimento quase imperceptível, mas pouco a pouco aumenta de intensidade, como se sentisse cãibras elétricas. Conforme explica uma das mulheres sentadas a nossa frente, isso significa que os espíritos já estão rondando pela sala e entraram em contato com Victoria algumas vezes: a mulher se levanta e se desloca entre as cadeiras possuída (no sentido pleno da palavra, não como metáfora), com os músculos totalmente contraídos, os olhos fechados e um ricto facial – às vezes, como de dor; às vezes, como se estivesse realizando um esforço notável –, transfigurada. Nesse momento, o espírito fala com mais ou menos clareza pela boca de Victoria.

O objetivo da sessão é *iniciar* a irmã mais nova de Noema, uma garota de saúde frágil, segundo nos explicam mais tarde. Mas a ela, apesar de ter manifestado algumas cãibras fracas durante a sessão, nenhum espírito consegue possuir (nenhum "conseguiu se desenvolver", segundo palavras de Victoria). "No início dá medo que o espírito de um morto se aproprie de você", explica Victoria ao terminar. "Por isso fazemos reuniões muito mais vezes agora, para ajudá-la."

De vez em quando, entre as aspersões de rum e os cantos, a matriarca ou o rapaz que se senta a seu lado passam entre a roda dos presentes com uns galhos de arbusto na mão e vão chacoalhando-os no ar e sobre nossas cabeças, como se estivessem varrendo o éter e o barulho das folhas ajudasse a dirigir o espírito para as mulheres vestidas de branco.

De repente, o ato ganha um dramatismo notável. As convulsões de Victoria aumentam de intensidade, alguém coloca um chapéu de palha na cabeça dela e um espírito de voz grossa, de homem, a possui. Com os músculos em contração máxima, suando, com um riso irônico e desagradável que deforma seu rosto e com as mãos nas costas, Victoria vai caminhando pela roda dos presentes e conversa com alguns. Interpela-os em tom agressivo. De vez em quando, abre os olhos, forçando as pálpebras, e fixa o olhar – aterrador, com o branco imenso da conjuntiva injetado de sangre – em alguém; está com as feições endurecidas, morde seu charuto e masca as folhas de tabaco. Chama poderosamente a atenção que sua voz de homem mantenha diálogos com um fio argumentativo perfeito, sabendo o que pergunta, a quem pergunta e, inclusive, conhecendo de antemão a resposta. "Você tem duas filhas, e a mais velha tem dor de cabeça", dita uma Victoria transformada, ameaçadora e quase abracadabrante.

"Às vezes", responde o interpelado, na expectativa, tenso; com uma tensão compartilhada por nós três, que podemos nos considerar espectadores, não de primeira fila, mas sim no mesmo cenário.

Embora o pensamento científico me permita analisar os movimentos e as palavras com certo distanciamento, buscando razões psicológicas e fundamentos fisiológicos, uma coisa é a teoria, e outra coisa é a prática: é um momento de um dramatismo notável; os ponteiros do relógio perderam velocidade e tudo parece tingido de onirismo, como em uma daquelas corridas extenuantes dos pesadelos.

"Pois fique atento e leve-a ao filósofo", continua Victoria, misteriosa, com voz de homem e atitude de latifundiário de Louisiana proprietário de plantações de algodão e de um exército de escravos.

A mulher que se senta bem a nossa frente, ao lado da porta de entrada da casa, esclarece: "Significa que a deve levar ao médico, que tem que dar importância ao sintoma e levá-la ao médico".

Antes de sair de seu corpo, o espírito que possuía Victoria deve ter notado certa resistência no interpelado, e sentencia: "Dentro de três dias, a garota terá dor de cabeça. Será um sinal para que você acredite em tudo isso que está vendo e volte para buscar a verdade".

Para bem ou para mal, nós não teremos tempo de comprovar nada. Dentro de três dias já teremos deixado o Caribe para trás.

Nesse momento, Victoria tem uma convulsão intensa, liberta-se do espírito e cai exausta em sua cadeira, enquanto seca o suor e cospe os pedaços de folha de tabaco que ainda não engoliu. Normalmente, só quando a tensão cede é que a pessoa percebe que esteve com os músculos tensos; noto algo assim ao ver que Victoria volta a falar e agir como a Victoria que conheci há pouco mais de uma hora. Imagino que a sacerdotisa, a afetuosa Livudina, deve ter notado essa tensão que, sem dúvida, se refletia em nossos rostos, porque rapidamente nos tranquiliza: "Não é nada grave, não se preocupem. Os espíritos podem ver muitas coisas e, às vezes, avisam".

Nesse momento começa a segunda parte da cerimônia. Posto que a irmã de Noema não conseguiu entrar em contato com nenhum espírito, Livudina se deixa possuir. Mas, dessa vez, a possessão nem é tão aparatosa, nem tão histriônica como a de Victoria, e algumas das mulheres que estão perto de mim esclarecem que agora se trata de um "espírito bom". A matriarca se levanta e passeia por entre os presentes durante três quartos de hora. É uma intervenção prolongada, mas mais tranquila. Expressa-se com voz de mulher, em castelhano, mas utilizando vocábulos cubanos e intercalando muitas palavras com is e erres; essa distorção dá a sua fala um sotaque como de idioma remoto e misterioso, que provavelmente mereceria uma gravação para dar de presente ao enigmista Màrius Serra para que a analisasse. Diz "utié" por "usted" ou "invrestrigació" por "investigación".

Quase não se dirige a nós, os estrangeiros; só nos diz algumas frases que não chegamos a compreender, mas nos pede assentimento ("Ié virdá?"); concordamos sem pensar, claro. Porém, a mestre de cerimônia se entretém muito mais com algumas pessoas. Em essência, interroga-as sobre questões pessoais e da vida cotidiana – que aparentemente conhece bem –, depois, dá conselhos adequados a cada uma: sobre a pessoa com quem têm que se casar, sobre a paciência ou a reconciliação com o marido ou sobre problemas específicos no trabalho.

Nesse ponto, percebo que metade dos presentes à cerimônia é da família, e o resto, vizinhos que provavelmente vão lá muitas vezes. E tudo isso em um país onde as pessoas vivem com as portas abertas e fazem muita vida social. Por aí se entende o papel fundamental da matriarca do bairro para dar conselhos em público. Algo assim como os conselhos que o confessor católico dá em particular. Um papel similar ao do sábio da tribo nas comunidades africanas, ou ao xamã nas regiões andinas ou amazônicas. Denominadores comuns a muitas tradições e cultos; matizes diferentes para cobrir uma mesma necessidade social: facilitar a adaptação do inadaptado, tranquilizar os angustiados e reconduzir as ovelhas desgarradas ao curral social, trabalhista ou familiar.

Finalmente, quando a matriarca acaba de falar longamente com todas aquelas pessoas com quem lhe interessa conversar, liberta-se do espírito, senta-se e, já com sua voz normal, encaminha tudo para finalizar a cerimônia. Rezam outro pai-nosso e acendem a luz da sala. A seguir, distribuem rum entre os presentes (mas, dessa vez, para beber) e voltam os risos e as conversas descontraídas.

Omar e Noema nos acompanharam ao Habana Libre com o velho Fiat. Era quase meia-noite e ainda tínhamos que jantar, de modo que os convidamos a comer uma porção de *pizza* no restaurante que havia ao lado do hotel, o único que ainda servia comida. Noema comentou conosco os problemas que às vezes ocorriam com alguns médicos do hospital onde trabalhava quando chegava alguma doente com convicções religiosas fortes, pelo choque que acontece entre suas crenças e a maneira como a medicina convencional enfrenta a doença. Como lembra o psicólogo Xavier Guix em seu livro *Contigo, pero sin ti*, em épocas difíceis, as pessoas tendem a se reagrupar em identidades primárias – e a religião é uma delas, como afirma o sociólogo Manuel Castells. Atualmente (leia-se na *sociedade industrializada*), essa tendência sofreu uma metamorfose em vários âmbitos. Nos dias de hoje e em nosso meio, o papel de Livudina nessa cerimônia de *santería* seria ostentado por profissionais que se dedicam ao *coaching*, por exemplo. Por outro lado, o fato do encontro, da atividade coletiva, gregária, poderia ser substituído pelas reuniões para assistir a aulas de culinária ou ir ao baile *country*, ou pelas expedições de pesca, passeios de bicicleta ou, quem sabe, ir ao bar da esquina para ver o jogo de futebol em tela gigante.

No fundo, todas essas atividades – inclusive a cerimônia que acabamos de descrever, e sem menosprezá-la – têm um denominador comum: podem ser consideradas placebos pessoais.

De qualquer maneira, é importante não esquecer o papel que o apoio social, a meditação ou algum tipo de espiritualidade tem na saúde das pessoas que acreditam nisso. Ramón M. Nogués, catedrático de antropologia biológica na Universidade Autônoma de Barcelona, especialista em neurorreligião, afirmava em uma entrevista recente que os crentes vivem mais, não pelo poder de cura direto das orações e rezas, mas pelo fato de acreditarem.

Daniel Goleman, em um opúsculo intitulado *A arte da meditação*, lembra que as técnicas de relaxamento são recomendadas como mais um elemento que ajuda a reduzir a tensão arterial em pacientes hipertensos. Voltaremos a isso quando chegarmos ao bazar. Por ora, ficaremos com um estudo realizado com membros da tribo Yup'ik do delta do Yukón, que prova como as pessoas que se afastam de seus rituais e entram na cultura ocidental têm uma saúde pior do que quem os conserva.

Realizou-se um estudo para analisar a influência da perda da identidade cultural no estresse e no bem-estar psicológico.

Foram feitas entrevistas estruturadas com 488 membros de seis povoados da comunidade Yup'ik, no delta do Yukón.

Quem respondeu que vivia mais afastado da cultura própria, tendo adotado mais padrões culturais ocidentais, experimentava mais estresse, pontuou menos nas escalas de felicidade percebida e consumia mais drogas e álcool que o grupo com padrões culturais próprios.

Quem seguia as tradições dos Yup'ik sentia-se significativamente mais feliz e utilizava mais os ritos religiosos para se adaptar ao estresse.

Provavelmente, alguns desses resultados poderiam ser extrapolados ao fenômeno da imigração, mas isso fica além do alcance deste texto.

Em resumo, o interior, o cérebro e como ele interpreta o ambiente fazem a diferença. Algo aparentemente simples, como sorrir, pode determinar a relação que estabeleceremos com quem nos cerca em um momento determinado. Veremos por que mais adiante; por enquanto, vamos ficar com a ideia de que a letra daquela cançãozinha dos anos 1950 que abre este capítulo (devidamente interpretada por Benedetti), embora possa parecer bobinha e superficial, tem razões fisiológicas que a sustentam.

Com efeito, quando você sorri, o mundo sorri com você. Ou seja, a atitude é um colaborador muito poderoso do substrato químico dessa pedra filosofal que é a oxitocina.

Capítulo 6

Placebos: um presente democrático e universal

> (...) mas dois miseráveis quaisquer, na cama, podem alcançar os mesmos prazeres voluptuosos que os ricos.
>
> Rubem Fonseca, *E do meio do mundo prostituto, só (...)**

Descobri o escritor carioca Rubem Fonseca com a tradução ao catalão de *O caso Morel*, em 1995. Chamou-me muito a atenção seu estilo sóbrio e a precisão com que traça as paixões dos personagens. Dois anos depois, quando Zé Augusto me presenteou *E do meio do mundo prostituto só amores guardei ao meu charuto* na versão portuguesa, li-o imediatamente. Já na primeira leitura, anotei a frase que abre este capítulo.

Pareceu-me que essa dúzia de palavras resumia de modo magistral uma das verdades mais avassaladoras da existência: o prazer, o gozo junto a outra pessoa – um objetivo explícito e direto em alguns, e velado pelos múltiplos disfarces do subconsciente em outros – não entende de riqueza, de posição social, de sexo nem de raça.

Efetivamente, a intensidade e as características do prazer (por exemplo, o clímax sexual ou o prazer derivado de estar junto

---

* *E do meio do mundo prostituto, só amores guardei ao meu charuto.* São Paulo: Companhia das Letras, 1997.

com o companheiro, conversando ou rindo) que experimentam duas pessoas cujo lar é um barraco, são idênticas às de qualquer dessas pessoas que aparecem na lista oficial de ricos publicada anualmente pela revista *Fortune*. (Até me atreveria a dizer que, muitas vezes, o prazer dos primeiros pode ser superior ao dos segundos, se levarmos em conta que a riqueza é associada a preocupações, estresse, medo de perdê-la, desejo de ter mais ou doenças causadas por tudo isso, além de – em alguns casos – casamentos de conveniência e outros males; mas isso é outra história que foge ao objetivo do livro.)

Basta desnudar as condutas e ir até o fundo, até a visão microscópica do que acontece nos neurônios e como isso se traduz na sensação de prazer, de satisfação, de bem-estar. Em escala celular, as diferenças entre as pessoas simplesmente desaparecem. Felizmente, essa essência do prazer não pode ser comprada nem vendida.

Naturalmente, a vida macroscópica é muito mais complexa e vai muito além da estimulação de uns neurônios ou da secreção de umas substâncias.

A vida é como uma fotografia, que na realidade é composta por milhões de pequeninos pontos monocromáticos: vistos em conjunto e da distância apropriada, integram-se em nossa retina até configurar a imagem de um pôr do sol sobre o mar ou de um corpo nu em cima de uma cama.

Cada ponto – cada instante de bem-estar, de dor, de tristeza, de prazer, de medo – vai se somando até constituir a *fotografia* da vida de cada um. A proporção de cada tom, bem como sua distribuição, proporciona o aspecto final e... não esqueça: a essência da imagem é o contraste. Sem contraste, o olho se torna cego. Não pode perceber. Quer ver? Tente olhar por alguns minutos para uma superfície perfeitamente branca ou uma área em preto absoluto.

Por esse motivo, não existem fórmulas mágicas nem receitas de bolo que sirvam para que todos sejamos felizes nem para que todos sejamos pessoas maravilhosas: as camadas dessa cebola que constitui a personalidade de cada um são diferentes, têm uma consistência específica e única.

Porém, como já dissemos em mais de uma ocasião, embora as fórmulas universais não costumem dar resultado exatamente pela variabilidade individual, o conhecimento científico é útil, sim: compreender qual é o mecanismo íntimo que nos proporciona essas agradáveis ondas de prazer ou essa dor pungente, essa tristeza que parece não ter fim, ou essa maravilhosa sensação de que o tempo para.

A análise do funcionamento do cérebro nos mostra dois princípios básicos que deveríamos ter em mente:

1. A sensação de prazer depende de circuitos de neurônios e neurotransmissores; não depende de circunstâncias externas como a riqueza, o nível acadêmico, a notoriedade pública, etc. (o fato de que algumas dessas circunstâncias possam favorecer ou dificultar a sensação neurológica é outra coisa).
2. Como comentávamos no capítulo inicial, a felicidade absoluta e como estado permanente não existe – e, se existisse, deixaríamos de percebê-la logo por *esgotamento* neuronal e adaptação sensorial. A felicidade consiste, na realidade, em momentos de bem-estar que vamos acumulando ao longo da existência.

Com base nessas duas premissas comuns a qualquer ser humano, o mosaico de pontos ou *pixels* que vão integrar essa imagem dinâmica que é a pessoa se agrupam, organizam e conferem o tom dominante e os contrastes da vida.

O corpo humano evolui e envelhece; o conhecimento em todos os campos aumenta, estabelecemos relacionamentos, ocorrem frustrações, há alegria. O mosaico se enriquece de claro-escuros. E, em todo esse processo, o laboratório interno procura sempre a homeostase (o equilíbrio), do mesmo modo que a superfície da água sempre procura a linha horizontal.

Devido a essa busca de equilíbrio, não deve causar espanto que no capítulo 4 tenhamos afirmado que uma substância elaborada pelo organismo humano, a oxitocina, tem um efeito antidepressivo ou que combate a ansiedade e os embates de uma situação estressante (o que não significa que consiga sempre, naturalmente).

Além disso, o ser humano é gregário, o que é fonte de incontáveis satisfações e de impressionantes frustrações ao mesmo tempo. Superar as barreiras naturais para poder estabelecer relacionamentos e criar sociedades exigiu uma longa trajetória evolutiva e o refinamento da química cerebral.

Lembremos que o ser humano se vê obrigado a enfrentar o paradoxo de quebrar barreiras e associar-se a indivíduos geneticamente não relacionados que, de outro modo, evitaria.

E esse gregarismo tem vantagens para os integrantes do grupo. Por exemplo, um estudo em mulheres pré-menopáusicas demonstrou que o apego a seu parceiro se relacionava diretamente com a concentração de oxitocina, de modo que, em um contexto adverso, no qual seu cônjuge a apoiava, essa oxitocina contribuía para que se adaptassem ao *estresse do ambiente* e respondessem com menos ansiedade.

Mas, se formos um pouco além, acontece que a oxitocina estimula a secreção de uma substância chamada *peptídeo natriurético*, uma molécula com importantes funções reguladoras do sistema cardiovascular, posto que favorece a vasodilatação e a eliminação de sódio e líquido pela urina.

Assim, o apoio social foi relacionado com uma menor incidência de hipertensão arterial. O contrário também é verdade: os pacientes hipertensos tendem a comunicar menos apoio social que as pessoas com a pressão sanguínea normal, e reagem mais às situações que representam um *estresse psicológico*.

Em um estudo, foram analisadas 22 pessoas com hipertensão e 26 com pressão sanguínea normal.

Todos realizaram um teste que mede a capacidade da pessoa para regular as emoções de uma maneira hedonista ou para manter o afeto positivo ao enfrentar um afeto negativo (por exemplo, a capacidade para buscar um ambiente que melhore o humor, ou para pensar em alguma coisa agradável em vez de continuar remoendo o afeto negativo – ruminando, *ruminating* para os anglo-saxões). É a escala *Hedonistic Emotional Regulation* (HER).

Os resultados foram os seguintes: em comparação com as pessoas com pressão sanguínea normal, os pacientes hipertensos com baixa pontuação na escala HER produzem mais cortisol e noradrenalina quando enfrentam o estresse psicossocial. Ambas as substâncias têm um papel importante no aumento da pressão arterial: o círculo se torna vicioso.

E, por outro lado, já conhecemos o efeito positivo do apoio emocional para regular a reatividade em situações de estresse social, e o papel da oxitocina na produção de substâncias relacionadas que contribuem para equilibrar o aumento da pressão arterial. Tire suas próprias conclusões.

Este último exemplo é o anúncio de que nos encontramos às portas do bazar do prazer. Chegou o momento de abrir os sentidos para o entorno e atravessar o umbral.

Mas, lembre-se:

- ➔ Nenhum prazer durará eternamente; o prazer, o bem-estar, é como uma bala que derrete lentamente na boca (e, em excesso, é enjoativa).
- ➔ Alguns prazeres (ou placebos) são comuns – isso nos permite estreitar laços com outras pessoas –, mas cada um de nós tem seu catálogo pessoal de placebos, e é conveniente conhecê-lo e usá-lo.

Capítulo 7

O bazar do prazer e do bem-estar

> Visto objetivamente, é incompreensível por que alguém se dirige a um determinado comerciante de objetos de couro, se a seu lado há mais vinte cujas mercadorias mal se diferenciam das suas. Pode-se ir de um ao outro e voltar ao primeiro. De antemão, nunca se pode saber com certeza em que loja se acabará comprando. Mesmo quando a pessoa se propôs a ir a esta ou àquela, nada a impede de mudar de opinião.
>
> ELIAS CANETTI. *As vozes de Marrakech*

O bazar é esse mercado árabe aparentemente caótico, com muitos comerciantes, uma infinidade de compradores, alguns passeantes, balbúrdia, cores, aromas e aperto. É esse lugar onde parece que qualquer coisa pode ser comprada e onde temos certeza de encontrar o que estamos procurando, por mais estranho que pareça *a priori*. Como lembra Elias Canetti em sua coletânea de relatos *As vozes de Marrakech*, no bazar não há preços em nenhum lugar; o jogo está em pechinchar, que é uma forma peculiar de comunicação entre as pessoas.

Escolhi a imagem do bazar ou mercado como destino desse percurso ao descobrir que o prazer, o bem-estar ou a tranquilidade são encontrados em situações muito variadas, que cada pessoa os encontra em coisas ou situações diferentes, e que a maioria compartilha algo em comum: estimulam a produção de substâncias como a oxitocina. Como já vimos, a oxitocina é responsável por essas circunstâncias nos serem agradáveis e, ainda, sua presença tem efeitos benéficos além do bem-estar, por exemplo, sobre alguns aspectos de nossa saúde física e da de quem nos cerca.

E foi ainda mais difícil resistir a essa imagem quando me dei conta de que, ao ir fazendo mentalmente a lista de situações e coisas que despertam a oxitocina, a maioria tem a ver com algum dos sentidos que nos permitem perceber o ambiente: a visão, a audição, o olfato, o paladar ou o tato. Esta é uma lista feita a título de exemplo, porque, na realidade, cada um se sente bem com umas coisas e não gosta de fazer outras; por esse motivo escolhemos o título *Pequenas grandes coisas* para este livro.

Assim, pois, bem-vindos ao bazar do prazer! Ninguém é obrigado a comprar. Nem todos os produtos serão seu número nem ficarão bem em você. Olhe com atenção e calma. Experimente os que lhe agradarem. E tenha certeza de que a garantia de qualidade, nesse caso, é o aval de estudos científicos publicados em revistas médicas (caso esteja interessado, pode encontrar as referências adicionais no *site* www.albertfigueiras.com.

Nós nos tocamos?

Outra tarde, encontrei uma novidade agradável no cabeleireiro de meu bairro. Haviam substituído as habituais cadeiras sóbrias e funcionais de couro preto que ficavam em frente aos lavatórios por umas poltronas semirreclináveis. A surpresa foi que, uma vez acomodado ali, a cabeleireira acionou uns botões que ergueram um descanso para os pés e, ao mesmo tempo, ativaram um mecanismo de massagem na região lombar.

Eu me perguntei qual poderia ser o efeito de um motor que passeia pelas costas de alguém durante cinco minutos e sem que tenha sido pedido (quero dizer, sem a predisposição para receber uma massagem, já que foi a um salão de cabeleireiro). Porém, apesar de se tratar de uma máquina, percebi que o aparelho, com suas pressões rítmicas nos músculos dorsais e lombares, me mostrava a tensão que havia se acumulado ali ao longo do dia após uma longa reunião, uma aula e alguns *e-mails* imprevistos de tive que responder com urgência. Ora, como muitos de vocês.

Mas, além disso, a massagem tem algum efeito sobre a saúde? Recordemos que um dos estímulos que favorece a liberação de oxitocina é, exatamente, a massagem.

Pesquisadores recrutaram 67 mulheres voluntárias entre 20 e 37 anos que moravam em Zurique. O único requisito era que fossem casadas ou vivessem em comunhão desde, pelo menos, doze meses antes.

O estudo consistiu em expô-las a provas padronizadas consideradas estressantes: tinham que falar em público durante cinco minutos diante de estranhos (simulando uma entrevista de emprego) e depois fazer provas aritméticas orais perante uma comissão formada por pessoas desconhecidas.

As mulheres foram divididas em três grupos:

- Grupo 1: Antes de se submeterem ao estresse, seu cônjuge lhes fazia uma massagem padrão (massagem no pescoço e nos ombros).
- Grupo 2: Antes de se submeterem ao estresse, as mulheres só recebiam apoio social e verbal de seu parceiro.
- Grupo 3: Essas mulheres iam sozinhas ao laboratório e, portanto, não recebiam nenhum tipo de estímulo.

Constatou-se que só o contato físico em forma de massagem do parceiro antes de se expor ao estresse fazia com que as mulheres que a haviam recebido mostrassem menor aumento da pressão arterial durante a prova. Além disso, suas concentrações de cortisol na saliva foram menores que as de suas colegas (lembre-se de que essa é a substância que liberamos habitualmente frente ao estresse, e é responsável por seus efeitos negativos).

Ao que parece, o contato físico como conduta costumeira do casal aumenta a oxitocina de maneira continuada, o que combateria os riscos para a saúde acumulativos (como a doença cardiovascular) produzidos pelo estresse diário ao longo dos anos. Além disso, essas pessoas têm menos risco de ter problemas interpessoais em comparação com outros casais. Mas esse não é o único efeito da massagem. As massagens constantes aumentam o limite para a dor, porque a oxitocina interfere de maneira positiva com os neurônios do sistema de endorfinas (os mediadores da dor). Ficou demonstrada sua eficácia em mulheres grávidas que entram em um programa de massagens aplicadas por enfermeiras durante as últimas duas semanas antes do parto: as que seguem o programa sentem menos dor.

Durante a interação social, especialmente em ambientes positivos, o tato ativa a secreção de oxitocina. E... sabe que, ao pedir a uma pessoa desconhecida para dançar com você, se roçar levemente seu braço tem mais probabilidades de que ela diga sim? Lembre que a oxitocina é o hormônio que facilita os laços de união e faz cair as barreiras entre desconhecidos.

Esse cheiro me lembra...

> A mão que havia tocado o frasco tinha um olor delicado, e quando a levou ao nariz e cheirou, sentiu-se melancólico, parou de andar e cheirou. Ninguém sabe quão bom realmente é este perfume, pensou.
>
> Patrick Süskind, *O perfume*

Há cheiros que são muito sugestivos e têm a propriedade de despertar lembranças ou até – por que não? – nos fazer mudar completamente de humor, abstraindo-nos do que nos preocupava até um instante antes.

Com certeza, alguma vez, caminhando pela rua, você deve ter se voltado de repente por ter sentido o cheiro de algum perfume que o fez recordar uma pessoa conhecida que não via há muito tempo. Ou um cheiro (da comida, da roupa, de uma flor, de um carro novo) o transportou, sem aviso prévio, a alguns anos atrás – talvez décadas –, até sua infância.

Só por esse motivo, os odores já entrariam naquilo que consideramos *placebos da vida* neste livro. Mas, além disso, há um substrato fisiológico que apoia o efeito positivo da estimulação olfativa que, de novo, é mediado pela oxitocina. Não deve nos surpreender, porque o olfato tem um papel essencial tanto na alimentação quanto na reprodução. O reconhecimento social olfativo, de grande importância nos animais, perdeu importância em uma sociedade que procura sistematicamente mascarar o cheiro próprio com perfumes e sabonetes.

Um estudo realizado com primatas demonstrou que o chamado *cheiro social* ajuda a manter os laços de união entre os casais.

Ao que tudo indica, o cheiro influi diretamente sobre certas áreas responsáveis pela conduta social e algumas áreas cerebrais relacionadas com a motivação, a memória e a tomada de decisões.

Essa influência também foi demonstrada na espécie humana. Por exemplo, ao expor um grupo de mulheres a certo componente do suor de seu parceiro habitual, observou-se que aumentavam seus níveis de oxitocina, o que não acontecia no grupo de mulheres expostas a esse componente de outra pessoa que não seu parceiro.

Há alguns meses, uns anúncios no jornal e na Internet falavam de um novo perfume chamado Smiley®, lançado por uma indústria francesa. A caixa diz: "Perfume psicotônico com micronutrientes ativadores do bom humor". Não encontrei nenhum estudo que avalizasse essas propriedades; porém, não é absurdo pensar que as indústrias possam chegar a usar o olfato com fins comerciais, assim como fazem com a música ou as imagens.

A equipe de Jukka M. Leppänen (Humam Information Processing Lab, Finlândia) demonstrou que a felicidade é reconhecida mais depressa que a tristeza, especialmente se a pessoa que a deve reconhecer se encontrar em um ambiente com odor agradável.

Um grupo de voluntários foi convidado a reconhecer rostos sorridentes entre muitas fotografias de rostos com expressões claramente tristes ou neutras. Mediu-se o tempo médio em duas situações diferentes: em um lugar com um cheiro agradável e em outro lugar com um cheiro desagradável.

Quando o contexto é agradável, o reconhecimento é significativamente mais rápido. Isso prova que os cheiros podem modular o funcionamento das estruturas cerebrais relacionadas com a emoção que participam da percepção das expressões faciais, e na geração do conhecimento conceitual associado à emoção apontada.

E um longo *et cetera*, com algumas conclusões relevantes para a prática em relação ao efeito do cheiro sobre as emoções ou sobre variáveis fisiológicas. Por exemplo, a inalação de uma fragrância doce reduz a percepção da dor na espécie humana.

Biquínis listrados e malas de couro: o poder do ouvido*

A fisiologia provou que certos estímulos auditivos aumentam as concentrações de oxitocina. Avancemos um pouco para tentar entender de que maneira a música pode intervir em nosso bem-estar.

Não há dúvida de que a música vai configurando a trilha sonora da vida de cada um, e, como acontece com a trilha sonora de um filme, às vezes estamos tão atentos seguindo a trama, nos emocionamos tanto com os atores, que não a percebemos – exceto quando ocorre um silêncio ou quando o volume aumenta. Talvez uma boa trilha sonora de filme seja aquela que simplesmente está lá, que acompanha os efeitos visuais e a tensão narrativa sem se fazer notar muito. A música está presente na vida (e cada vez mais, à medida que proliferam os reprodutores de música digital de grande capacidade, que armazenam milhares de músicas em mínimos aparelhos eletrônicos).

---

* O título se refere à letra da conhecida canção de verão *Eva María*, do grupo Fórmula V.

Parte dessa trilha sonora é o fenômeno da chamada *canção de verão*. A cada ano, uma baladinha bombardeia nossos tímpanos em todos os lugares que formos. Ouve-se no rádio, na televisão, nos bares, nos terraços onde paramos para tomar um sorvete ou nos alto-falantes da praia, e, recentemente, nos toques dos telefones móveis. Provavelmente, no fim do verão, cada vez que se ouve essa peça de música maçante e letra não excessivamente profunda, pensa-se: "Que horror! Outra vez, não, por favor!".

Porém, já tentou recuperar de novo a canção de algum verão que recorde de uma maneira especial e ver que efeito essa música lhe causa?

Experimente. Qual foi seu verão? *Juanita Banana*? *Pero anoche en la playa*? Aquele no qual o Fórmula V cantava as aventuras de uma garota chamada Eva María que foi à praia usando um biquíni listrado e levando uma mala de couro? Talvez alguma enjoativa canção de Georgie Dann? Seja qual for, com certeza, se tornar a ouvi-la, ela despertará em você alguma recordação distante, assim como acontecia com os cheiros. Uma recordação que o relaxará ou conseguirá fazê-lo abstrair.

Pois bem, parece que a música tem efeitos mais poderosos. A musicoterapia está cada vez mais consolidada e vários estudos avalizam sua eficácia. Ouvir música de maneira integrada ao tratamento de uma doença tem efeitos positivos, reduz a ansiedade e a dor e aumenta o bem-estar. Isso foi provado tanto em doentes submetidos a intervenções menores (como o exemplo já citado dos pacientes com cálculos renais), quanto em pessoas que devem se submeter a transplantes de medula óssea, ou pacientes que fazem tratamento devido a um câncer.

Ao falar de música, é preciso levar em conta um fator adicional: as diferenças culturais. Por exemplo, a cultura chinesa dá muita importância à dança e ao equilíbrio. Alguns autores observaram que, ao integrar elementos da cultura oriental (como a dança ou o *tai chi*) à terapia ocidental, o bem-estar é maior para pacientes chineses com câncer que vivem fora de seu país. Outro exemplo: um estudo realizado com crianças e adolescentes ocidentais que padeciam de câncer chegou à conclusão de que a dança contribuía para integrar os fatores relacionados com a adaptação à doença.

Há um aspecto adicional em relação à música. É possível ouvir música, mas também se pode participar ativamente e tocar música ou cantar. Para anotar na lista de placebos: a oxitocina aumenta quando uma pessoa participa ativamente de um coro, por exemplo, tanto se o faz de maneira profissional quanto para passar o tempo. Pesquisou-se o efeito em músicos profissionais e amadores: ambos os grupos se sentem mais relaxados depois de cada sessão e sua pontuação na escala de bem-estar é superior à obtida por quem não canta.

Mexa-se

O ser humano tem a capacidade de se deslocar (deslocar-se caminhando, correndo ou de bicicleta). Os benefícios do exercício moderado sobre a saúde foram demonstrados em diversas ocasiões, e falar sobre isso foge da intenção de síntese deste livro; não os repetiremos aqui. Basta recordar que, além dos efeitos físicos e psicológicos do exercício (costuma obrigar a sair de casa, a se relacionar com os outros, etc.), cada tipo de exercício em particular também representa benefícios específicos adicionais.

No contexto dos placebos da vida, interessa-nos explorar o substrato neuro-hormonal que possa existir. Ou seja, tentar responder à pergunta: o exercício influi sobre alguns neurotransmissores relacionados com o bem-estar, como a oxitocina?

Ao dar uma olhada no *bazar* a que chegamos, encontramos vários estudos que parecem sustentar esses efeitos sobre a composição do *laboratório interno*. Se só atentarmos para a oxitocina, há estudos realizados com ratos que demonstram um aumento da oxitocina quando se permite que façam exercício regular correndo em uma roda colocada em sua gaiola. Lembre que pesquisas anteriores haviam demonstrado que o aumento de oxitocina facilita o bom funcionamento cardíaco (e o contrário, que a hipertensão reduz a oxitocina e seus receptores).

Leve o humor a sério e brinque um pouco

A última vez que fui ao consultório de meu dentista, reparei na tela de tevê que havia pendurada no teto, bem no lugar para onde aponta o olhar do paciente deitado em sua cadeira. Apesar de as técnicas modernas, junto com o avanço da anestesia, minimizarem os desconfortos da maioria das intervenções realizadas pelos dentistas, para muitas pessoas, entrar nesse tipo de consultório causa grande ansiedade, o que, por sua vez, aumenta a predisposição para sentir dor.

Na tela desse televisor projetava-se um documentário no qual enormes baleias pulavam sobre a superfície da água e mergulhavam de novo com movimentos aparentemente suaves. A questão-chave é se realmente tem alguma importância ficar vendo enormes cetáceos que mergulham na água fria do oceano enquanto o dentista está manipulando seus dentes com a broca, ou se trata-se simplesmente de mais um *acessório* que só repercutirá no valor da conta de serviços.

De novo, encontramos a resposta nas últimas pesquisas publicadas. Efetivamente, distrair a atenção do paciente contribui para reduzir a tensão antecipatória e o medo. E ainda há algo que contribui mais para reduzi-los: o humor. Naturalmente, não é muito conveniente que a pessoa sentada na cadeira do dentista comece a rir e a se mexer; porém, o humor é muito útil em muitas outras situações.

O riso, o humor, fazem com que nos sintamos bem e nos relaxam. Um sorriso sincero é reconfortante e convida a imitá-lo. Um ataque de riso, principalmente se for coletivo, relaxa a musculatura e afasta possíveis tensões.

Rir, bem como manter relações sexuais e uma boa conversa – não necessariamente nessa ordem – são os pilares para fortalecer os relacionamentos interpessoais. Não é necessário insistir mais nesse ponto.

Porém, parece oportuno mostrar como, nas últimas décadas, os cientistas começaram a levar o humor a sério, e realizaram vários estudos sobre os efeitos benéficos da risoterapia ou, simplesmente, do humor sobre o curso de algumas doenças.

O humor influi na percepção da dor e em sua tolerância, e, inclusive, alguns estudos aventuraram afirmar que entre 40 e 45 minutos de filmes de humor poderiam influir sobre o sistema imunológico.

Foram recrutados duzentos voluntários entre 18 e 36 anos, divididos em três grupos. Aplicaram-lhes frio (imersão do braço em água a quatro graus) enquanto exibiam ou filmes de humor (Grupo 1), um documentário sobre o Holocausto (Grupo 2) ou um filme neutro, um documentário sobre animais (Grupo 3).

Os resultados mostraram uma clara vantagem na tolerância à dor por parte de quem havia visto um filme de humor sobre o Grupo 3 (filme neutro) e muito superior ao Grupo 2 (documentário sobre o Holocausto).

Além disso, ficou comprovado que ver mais de trinta minutos de filme aumentava ainda mais o efeito analgésico.

O riso é utilizado, também com sucesso, nos grupos de apoio a pacientes com diversas doenças, pelo efeito de relaxamento mental, de redução da ansiedade e diminuição da percepção dolorosa.

Se a risoterapia contribui para o tratamento de várias doenças, imagine se não vale a pena pôr em sua lista de placebos pessoais algumas risadas ao dia – coletivas, se possível –, daquelas que fazem até lacrimejar.

O humor é uma manifestação do espírito brincalhão dos humanos. A capacidade de brincar das pessoas é elevada, e só se vê truncada por barreiras mentais que alguns se impõem – ou lhes são impostas – erroneamente durante o processo de crescimento. Embora *brincar* seja associado à imagem de crianças atrás de uma bola ou inventando mundos com seus bonecos, a maior parte dos adultos e idosos passa boa parte de sua existência *brincando*. Não resta dúvida de que brincar é outro placebo de primeira ordem.

A introdução do jogo mostrou-se muito útil em terapia ocupacional com adultos, em pacientes com doença de Alzheimer e outras demências e, naturalmente, no tratamento de crianças hospitalizadas. Há anos, em muitos hospitais do mundo, a área destinada às crianças tem, além de brinquedos, monitores especializados; inclusive, os sóbrios (e temidos) uniformes brancos, verdes ou azuis da equipe foram substituídos por roupa colorida.

Não gostaria de deixar passar a oportunidade de comentar que, mesmo em uma alteração com fronteiras um tanto difusas como é esse novo *distúrbio da criança inquieta* – e para a qual já foram encontrados os correspondentes medicamentos –, observa-se uma melhora quando se introduz o jogo na relação com a criança afetada. Mais dados: um estudo realizado em 2003 que incluía várias dezenas de adolescentes norte-americanos conseguiu demonstrar uma grande correlação entre a capacidade de brincar dos adolescentes e a capacidade que tinham para se adaptar ao que os cerca.

Talvez não seja demais recordar o papel essencial daqueles que estão no ambiente imediato das crianças e adolescentes, para despertar e potencializar seu espírito brincalhão; além dos benefícios imediatos e de reforçar os laços de união, e melhorar o relacionamento com seu ambiente, a capacidade de saber brincar pode ter efeito terapêutico.

A ginástica mental tem um valor especial nos pacientes adultos (em alguns hospitais, o pessoal de enfermaria introduz esse tipo de exercício na rotina do tratamento dos pacientes de suas salas). Há tempos em que se valoriza a exercitação mental das pessoas para procurar evitar (ou pelo menos retardar) o surgimento de demências. Além da satisfação pessoal que representa resolver problemas numéricos ou jogos de palavras, parece que o trabalho neuronal requerido para a resolução evitaria a *ancilose* mental.

Eu comentava esse aspecto com Màrius Serra, um *verbívoro* – como gosta de chamar a si mesmo – que, há anos, elabora as palavras cruzadas para vários jornais da Catalunha e mantém um *site* onde são valorizados a palavra e todos os jogos de palavras que possam imaginar (www.verbalia.com).

Resolver um problema complexo de palavras cruzadas influi a tal ponto que, se uma testemunha ocular esteve tentando fazer palavras cruzadas enquanto esperava sua vez de identificar um acusado, sua capacidade de reconhecê-lo é menor que a de outra testemunha que, nos minutos anteriores à sessão de reconhecimento, tenha se mantido ocupado com um jogo que não requeira esforço mental.

Foi feita uma pesquisa com dezesseis estudantes da universidade de Cardiff, que, depois de verem catorze rostos durante três segundos cada um, participaram de tarefas como ler um fragmento do romance *O código da Vinci*, resolver um *sudoku* simples, solucionar um jogo de palavras cruzadas literal ou um críptico (com palavras de duplo sentido). Nesse último caso, o desempenho dos participantes para reconhecer com precisão os rostos foi menor que o dos participantes que, antes do reconhecimento, haviam tido um entretenimento mais *leve.*

O efeito positivo da ginástica mental sobre as pessoas foi estudado em jogadores de xadrez e, recentemente, em jogadores de *scrabble*: o jogador experimentado em jogos de palavras cruzadas não só define com precisão um maior número de palavras como tem um tempo de reação inferior em algumas tarefas mentais e mostra uma melhor resposta diante de problemas que requerem aplicação do sentido de distribuição espacial.

As cores das especiarias: o poder da atitude

O segredo de muitos pratos deliciosos encontra-se nas especiarias e condimentos, como são mesclados e a proporção exata em que são usados. É difícil pensar em um *bobó de camarão* baiano sem azeite-de-dendê, uma sopa *tom-yum* tailandesa sem citronela e *curry*, um churrasco sem *chimichurri** ou um arroz de peixe sem um bom *sofrito.***

A atitude na vida vem a ser como as especiarias em gastronomia: proporciona o toque diferencial, acrescenta sabor e, em muitas ocasiões, determina se algo nos sabe (e nos cai) bem ou não.

Muito se escreveu sobre o poder da atitude das pessoas para enfrentar as situações adversas com que se deparam, e este não é o lugar para se estender excessivamente nesse assunto. A única intenção é citá-lo porque ocupa um lugar central em nossa visita ao bazar do prazer.

No departamento de medicina de família da universidade de Umea (Suécia), foi selecionado um grupo de mulheres entre 63 e 83 anos e se fez uma longa entrevista estruturada com elas para conhecer as estratégias que utilizavam ou haviam utilizado tanto no trabalho quanto na vida diária para se sentirem bem e saudáveis ao longo da vida.

As explicações sobre a experiência de vida dessas mulheres chamou a atenção dos pesquisadores em vários aspectos. Talvez o mais importante seja que, durante as entrevistas, ficou evidente que essas mulheres tinham ideias muito claras sobre o que as fazia se sentir bem e saudáveis (mesmo se no momento da entrevista tivessem alguma doença). Parte de suas estratégias consistia em cultivar e desfrutar do humor, da beleza e da cultura.

Por exemplo, contar piadas para os colegas de trabalho fazia com que até tarefas duras e pouco qualificadas fossem mais toleráveis; contribuía

---

* Molho parecido ao vinagrete, feito com alho, salsinha, pimentão, sal e vinagre, usado para temperar a carne. (N. T.)

** Tempero utilizado em guisados à base de diversos ingredientes, principalmente tomate e cebola. (N. T.)

para suportar melhor a dor e as havia ajudado a seguir em frente em casos de problemas de relacionamento com seus parceiros.

Manter um lar agradável e confortável, dentro de suas possibilidades, proporcionou a elas prazer na vida (muitas vezes, uma vida com muitas necessidades). Introduzir a estética nos artigos de uso diário lhes proporcionava bem-estar, tanto a elas quanto a quem os utilizava.

Além do testemunho sobre como se pode viver com certo bem-estar pessoal e do ambiente em um contexto real (não só na teoria de alguns livros de autoajuda), esse tipo de pesquisas permite considerar alguns aspectos básicos para cobrir necessidades importantes dessas pessoas quando são atendidas em centros de saúde ou asilos.

No Chaco paraguaio, terra de guaranis, habita uma ave de rapina de corpo pequeno, patas fornidas e cabeça grande, parecida com uma coruja; é chamada de caburé. O caburé atrai outros pássaros com seu assovio, escolhe sua presa e, a seguir, cativa-a com seu olhar sereno, como se a hipnotizasse, enquanto com um ruidoso bater de asas afugenta os outros. Depois, arranca-lhe a cabeça, devora suas entranhas e leva o resto para suas crias.

Talvez por essa capacidade de dominar outras aves, a gente da região outorgou ao caburé poderes magnéticos que se tornaram extensivos a homens que conseguissem três de suas penas.

Assim, esse apreciado e raro amuleto chamado *payé* tem a propriedade de atrair os bons acontecimentos a quem o carrega, livrá-lo de qualquer perigo e garantir o sucesso em seus empreendimentos.

Em algumas regiões, a mais cobiçada é a sétima pena da parte anterior da asa esquerda do caburé, porque outorga ao portador poder sobre a mulher e certo encanto pessoal que atrai e fascina.

Como acontece com os amuletos em geral, não há estudos científicos que provem seu efeito *magnético* real... mas as penas do caburé (como os pés de coelho ou os dentes de alho que alguns carregam no bolso) têm a capacidade de mudar algo muito importante em seu portador: a atitude. E talvez aí resida seu *poder*.

No dia em que Ricardo ia me conhecer, Thaïs sugeriu que nos encontrássemos no Clube de Tênis de seu bairro, em Cambuí, onde o time de futebol em que ele jogava tinha uma partida importante contra outro time vizinho. Ricardo, que tinha então nove anos, sabia que naquele dia eu estaria entre os poucos espectadores que habitualmente iam vê-los, e que estaria ao lado de sua mãe. O futebol é uma de suas paixões e, naturalmente, queria me mostrar que era um craque. Essa atitude, a vontade de se concentrar para dar o máximo de si na consecução de um objetivo pessoal, provavelmente contribuiu para que marcasse três dos cinco gols que o time conseguiu fazer, um recorde que, segundo sua mãe, não era habitual. Depois da segunda vez que o vi jogar, ganhei a fama de *dar-lhe sorte*. Porém, a sorte não era devida ao acaso ou à boa fortuna, e sim ao fato de ele se concentrar para conseguir mostrar algo; devia-se a sua atitude. A boa sorte, como já disseram Álex Rovira e Fernando Trías de Bes, consiste essencialmente nisso.

Há congruência entre a expressão corporal da emoção do receptor de uma mensagem e o tom emocional do emissor, algo que facilita a compreensão da comunicação. Foram revisadas as provas científicas da relação recíproca que existe entre a expressão corporal de uma emoção e a maneira como a informação emocional é conduzida e interpretada.

Acontece que, quando alguém adota uma postura específica de uma emoção, descreve que sente as emoções associadas a essa postura: quando se coloca em sua mesa de trabalho com uma postura concentrada para trabalhar, *sente-se* concentrado; quando se estica na cadeira como se estivesse em uma espreguiçadeira na praia, *sente-se* menos disposto a trabalhar.

Além disso, foi comprovado que os sistemas visual, auditivo e afetivo se sobrepõem, e estudos com escâner e ressonância magnética demonstraram que alguém reconhecer uma expressão de emoção em outra pessoa e ele próprio expressar essa emoção envolve circuitos superpostos (por exemplo, ver um vídeo no qual uma pessoa faz caretas, como se estivesse percebendo um mau cheiro, ativa os mesmos circuitos que se ativam quando realmente se sente esse mau cheiro). O mesmo acontece com uma expressão sorridente.

E, relacionado com tudo isso, há estudos que demonstram como os rostos sorridentes ou com expressões identificadas como de bem-estar são mais bem lembradas que os rostos com aspecto severo. Além disso, influem positivamente sobre o interlocutor, relaxam-no.

E também...

A sensação de vertigem que temos quando visitamos o bazar do prazer é similar à que se tem em qualquer mercado. Interessamo-nos por alguns produtos expostos, temos uma visão fugaz de outros e, no fim, ficamos com a sensação de que havia muitas coisas que gostaríamos de ter visto, mas que nossa atenção não conseguiu captar.

Provavelmente uma revisão completa e aprofundada dos aspectos positivos da vida requereria um volume de proporções enciclopédicas que, na realidade, detalharia praticamente todos os aspectos da vida, com as diversas e riquíssimas variantes culturais. Não é possível sequer citá-las brevemente. O bom é saber que o bazar do prazer continua ali, onde quer que você o tenha encontrado, que não fecha nem de dia nem de noite, e que você pode ir a ele quando lhe apetecer, ou quando sentir a necessidade de fazê-lo.

Muitas coisas podem ser consideradas *placebos da vida*. Trata-se de situações ou atividades que simplesmente nos fazem sentir melhor. E a lista é literalmente interminável, como variada é a espécie humana.

Antes de sair do bazar com nossas aquisições, é bom dar uma última olhada, como uma panorâmica, nem que seja só para imaginar o que ficou de fora na visita de hoje e planejar aonde iremos em nossa próxima visita.

Para dar água na boca

As relações sexuais satisfatórias são uma das fontes de bem-estar mais poderosas; reforçam os laços de união com o parceiro, inundam o cérebro de oxitocina e são relaxantes. Como diz uma amiga, "são essenciais para o equilíbrio diário".

As relações sociais são outra das especiarias mais apreciadas. Sentir-se valorizado e fazer com que os outros se sintam valorizados. Conversar conscientemente (com a intensidade e atenção defendidas por Sebastià Serrano). Tocar-se. Rir. E tudo isso sem esquecer os amigos – que são como as plantas: é preciso regá-las, cuidar para que estejam na temperatura ideal, trocar a terra e, se necessário, colocá-las em um vaso maior.

É esse *bichinho* que nos faz lutar para atingir nosso objetivo (o *arousal* anglo-saxão – estar acordado, atento). Aquela agitação suave para terminar uma coisa, para preparar algo, para participar de uma festa... Esse bichinho que nos predispõe, contribui para forjar a atitude com que enfrentamos os desafios.

Entrar em tudo o que se faz; ser espectador é fácil e não requer muito esforço, mas participar é muito mais satisfatório.

Ser criativo com tudo o que se tem nas mãos. Não vale a pena repetir as coisas várias vezes (exatamente igual, como naquela ocasião em que tudo saiu redondo); como dizem muitos, segundas partes nunca foram boas. Invente, reinvente, amplie horizontes... até mesmo para preparar um jantar, para sair e dar um passeio com seu parceiro ou para planejar as próximas férias.

Identificar coisas ou situações que o façam relaxar, que o afastem momentaneamente da rotina do trabalho. Sejamos realistas: tudo começa conquistando-se dez minutos por dia. Podemos caminhar, ouvir música, ler, fazer ioga ou apertar uma bola de areia, meditar... O importante é conseguir deter os ponteiros do relógio durante alguns minutos. Como afirma Ramón Bayés em seu livro *El reloj emocional*, "o tempo pode ter outra velocidade";* conquiste-a.

O passado e o futuro são dois pratos de uma mesma balança. É bom não perder a memória, e as lembranças agradáveis nos caem bem; recorde, mas não fique obcecado com o passado. Quem anda olhando para trás tem muita probabilidade de dar uma topada com um poste. E é recomendável saber onde gostaríamos de chegar; planeje o futuro, mas não viva nele. O ideal é que o equilíbrio do tempo seja como sentar em um balanço: é divertido ir para cima e para baixo, mas o ponto de equilíbrio é o centro, o presente; estar sempre em cima ou sempre no chão não tem nenhuma graça.

Saboreie, deguste, perceba. E aplique isso a tudo: à comida, à bebida e... à vida! Procure não ter medo para não ficar à margem, a um passo...

> A un passo dal possibile
> A un passo da te
> Paura di decidere
> Paura di me (...)
> Elisa, *Eppure sentire*

---

* Ramón Bayés, *El reloj emocional*, Alienta, Barcelona, 2007.

Capítulo 8

A outra face da moeda: o efeito nocebo

Pegue um círculo, acaricie-o; tornar-se-á vicioso!

Eugène Ionesco, *A cantora careca*

Saímos do bazar. Pegou todas as suas aquisições?

Chegou a hora de comentar uma coisa: como qualquer moeda, o efeito placebo tem seu anverso. Quando o placebo tem efeitos negativos, fala-se de *nocebo*.

Reunimos cem pessoas em uma sala, damos a elas um comprimido de cor vermelha que só contém sacarina e dizemos que se trata de um novo medicamento para aumentar o ritmo cardíaco.

Uma proporção dessas pessoas apresentará, efetivamente, um aumento das batidas cardíacas. Trata-se do efeito placebo que já conhecemos.

Porém, ao realizar este experimento, uma proporção das pessoas que tomaram a cápsula vermelha de sacarina apresenta incômodas palpitações, ou até surgem *efeitos colaterais*, como dor de cabeça, náuseas ou vômitos.

E... Atenção! Às vezes não basta explicar o truque do experimento; algumas pessoas até podem precisar de cuidados médicos por essa resposta negativa em forma de efeito colateral. Teremos conseguido um *efeito nocebo.*

Na realidade, não deveríamos estranhar: se uma substância inativa que chamamos de *placebo* pode induzir efeitos benéficos (como aliviar a dor), seguindo a mesma lógica, essa substância deve poder induzir o surgimento de efeitos não desejados (como aumentar a dor).

Assim, o efeito nocebo é o dano percebido por um paciente ou identificado por seu médico e devido, somente, a um tratamento administrado que carece de eficácia.

Ao explicar o efeito placebo, havíamos combinado que neste livro utilizaríamos a denominação para nos referirmos àquelas circunstâncias ou ações que se traduzissem em bem-estar. Portanto, talvez também pudéssemos aventurar um *efeito nocebo* na vida. Seriam aquelas circunstâncias ou ações que se traduziriam em um prejuízo ou mal-estar.

Em medicina, diz-se que os placebos são a bênção da terapêutica, mas também podem ser sua perdição. Com os placebos da vida, acontece algo parecido.

Na realidade, acabamos de abrir a porta que dá passagem a um sótão imenso, cheio de pó e com pouca luz. Explorá-lo nestas páginas é uma tarefa que foge a nosso alcance; a intenção de incluir um capítulo sobre nocebos era dar uma ideia, recordar que estão ali, assim como o anfitrião que comenta com o convidado: "aqui há um dormitório, aqui fica o banheiro e aqui o sótão". Os nocebos merecem uma exploração atenta e específica em outro texto.

Dois exemplos breves:

➔ Um estudo foi realizado, e incluía uma série muito grande de pessoas a fim de identificar os fatores de risco de padecer uma doença cardiovascular (é conhecido como estudo de Framingham). Esse estudo permitiu identificar vários fatores que ainda servem para sustentar muitos tratamentos preventivos. Porém, um dos resultados chama a atenção: ao analisar o que acontecia com as mulheres que estavam convencidas de que eram propensas a padecer uma doença cardíaca, observou-se que elas tinham quatro vezes mais probabilidade de morrer de doença cardíaca que as que não tinham tal crença. A atitude, a certeza de algo pode aprontar conosco?

➔ Algumas emoções (como o medo ou a depressão) relacionadas a situações que provocam estresse emocional intenso foram associadas a algumas doenças. Por exemplo, em determinados países orientais, as mulheres com essas emoções têm maior probabilidade de apresentar uma rara alteração cardíaca chamada cardiomiopatia de Tako-tsubo. Além dessa variante exótica e rara, a associação a emoções negativas foi demonstrada para várias doenças.

Um esboço dos nocebos da vida

Você nunca se encontrou esperando em frente a um elevador que está subindo ou descendo, a seta do botão de chamada está acesa, porém você aperta o botão de novo várias vezes, como se isso tivesse o poder de acelerar o trajeto do elevador ou o fechar das portas? Com certeza, acabou apertando o botão para descer (é o que você quer), mas também o de subir (por via das dúvidas), e o máximo que consegue é que o elevador pare desnecessariamente durante a viagem de subida, que as portas se abram e se fechem de novo; o resultado final é que não só não acelerou a chegada do elevador, como também a retardou alguns segundos. Enfim, você tem que esperar e também as outras pessoas que estão em outros andares.

Talvez você seja dos que, quando aparece a irritante ampulheta na tela do computador, começa a apertar o *enter* ou o botão esquerdo do *mouse* para ver se a máquina se apressa. Na realidade, o mais provável é que o computador fique ainda mais lento devido à sucessão de ordens dadas em um momento no qual a CPU está em seu máximo rendimento.

Perdeu uma chave que, tem certeza, estava no bolso? Quantas vezes colocou a mão no bolso para se certificar de que, efetivamente, não está ali? Talvez, se em vez de ficar obcecado rebuscando em vão no pequeno bolso, procurasse no sofá onde acaba de se sentar ou no lugar onde esteve há um instante, teria mais possibilidades de encontrá-la.

Estes são exemplos de condutas cotidianas ineficazes. Se já procurou a chave no bolso e não está lá, ela não aparecerá ali em um passe de mágica. Se o computador está terminando uns processos internos, não responderá enquanto não os concluir. Essas condutas poderiam ser consideradas um efeito nocebo, porque, enquanto você persistir em um desses comportamentos, isso o impedirá de pensar em alternativas mais eficazes.

Nessa mesma linha, as superstições são nocebos que podem ser contraproducentes quando nos impedem de realizar certas atividades com normalidade, e, às vezes, até geram ansiedade, condutas de evitação ou mal-estar.

A superstição pode dar uma falsa ilusão de controle sobre os acontecimentos. Pode ser uma ilusão adaptativa (protege as pessoas para que não percebam que os resultados importantes da vida são incontroláveis; nesse sentido, evitam a depressão); porém, às vezes, a superstição é nociva: por exemplo, acreditar que um determinado ritual evitará a evolução de uma doença, pode adiar a consulta ao médico ou o início do tratamento prescrito.

Em uma visita que fiz a Santo Domingo para observar o funcionamento de um programa de tratamento de pessoas com HIV/Aids, fomos à casa de um paciente que estava de cama.

Um de meus colegas dominicanos me explicou que esse paciente havia passado muito tempo sem apresentar melhora, apesar de estar tomando os caríssimos medicamentos antirretrovirais.

Durante uma visita de rotina, e estranhando essa falta de resposta, o médico observou que em frente à cama havia a figura de um *santo* característico do sincretismo religioso caribenho, e, ao lado dele, duas dúzias de caixas de seus medicamentos antirretrovirais... cheias!

O paciente e sua família achavam que, pondo o remédio junto ao *santo*, este teria mais força para curá-lo, e que, portanto, o paciente já não o precisava tomar.

O estresse e as emoções negativas estariam no saco dos nocebos: foi provado que são capazes de aumentar a intensidade da dor. Exatamente o contrário do que acontece com o humor ou a música, por exemplo.

Algumas pessoas até poderiam ser consideradas nocebos para outras. Um estudo curioso fez o acompanhamento de um grupo de pacientes submetidos a uma intervenção cardíaca. Observou-se que, durante o ano seguinte à intervenção, quem tinha um parceiro pessimista se sentia pior e tinha que voltar mais vezes ao hospital, comparado com quem estava ao lado de um companheiro otimista, independentemente do grau de otimismo ou pessimismo do próprio paciente.

A velocidade e a *fome* de emoções fortes são outros dois nocebos da sociedade atual. Parece que temos que estar sempre correndo (embora não saibamos com precisão para que tanta pressa, nem o que é que há no lugar a que queremos chegar), e que já é impossível para nós contemplarmos descontraidamente a vida e o que nos cerca (sem pensar necessariamente que tudo é uma competição olímpica). São muito necessários os livros *Devagar* de Carl Honoré, e *O culto da emoção*, de Michel Lacroix.

E, para concluir esta brevíssima pincelada, não se podem esquecer os vícios. Qualquer vício é nocivo, porque tira nossa liberdade. A dependência – a ansiedade que sentimos quando não temos a substância ou a situação em que somos viciados – e a tolerância – a necessidade crescente de ter cada vez mais essa coisa ou de viver com mais intensidade essa situação – ensombram o bem-estar, a felicidade.

Além do que nos vem à cabeça com a palavra vício (drogas, por exemplo), não devemos esquecer que há centenas de dependências: o trabalho, o jogo, a comida, o chocolate, o esporte... Basta colocar no Google o sufixo inglês – *aholic*, usado para indicar algo em que somos viciados ou de que temos uma necessidade compulsiva; saem centenas de páginas que descrevem os vícios mais variados.

Do ponto de vista neuronal, é importante saber que, além da oxitocina – cujos efeitos positivos já conhecemos –, o cérebro produz uma molécula similar, a vasopressina. Como acontece tantas vezes no organismo, a vasopressina exerce efeitos contrários à oxitocina: aumenta a ansiedade, o estresse e a agressividade. Além disso, favorece a consolidação das lembranças aversivas, aquelas recordações associadas a uma situação de dor, angústia ou medo. Aquelas lembranças que, quando as evocamos, condicionam nossas respostas: originam condutas de medo ou condutas para evitar passar de novo pela situação desagradável. Pilar Jericó, em seu excelente livro *Não Medo*, descreve algumas dessas condutas cujo substrato molecular é exatamente um excesso de vasopressina e pouca oxitocina para compensá-la;

seriam o que essa autora define como *medos tóxicos*; o medo de entrar em um avião, o medo de falar em público, etc.

Na realidade, o equilíbrio entre oxitocina e vasopressina é essencial para estabelecer relações sociais efetivas e para que surja o que conhecemos como estado de paixão. O estabelecimento de uma relação social requer que haja um nível de estresse moderado. O papel da oxitocina consistiria em manter os níveis de ansiedade sob controle, e assegurar a proximidade continuada do parceiro durante as primeiras etapas do romance; mais adiante, a mesma oxitocina aumenta a vontade de aceitar o risco (confiança), modulando a ansiedade e o medo originados na zona cerebral chamada amígdala. Pois bem, esse é um equilíbrio delicado, e em alguns casos, pode ser uma fonte de inadaptação. Como escreveu o dramaturgo Eugène Ionesco, basta acariciar um círculo para que ele se torne um círculo vicioso.

Simplificando, quando a vasopressina vence o efeito da oxitocina, a pessoa fica muito ansiosa para poder estabelecer uma relação amorosa ou outra relação social. As circunstâncias que favorecem a vasopressina são, sem dúvida, outros nocebos da vida.

Capítulo 9

Posologia e outras recomendações

> Quando Skacel decidiu se trancar trezentos anos dentro de sua casa de tristeza, era porque via seu país definitivamente engolido pelo império do Leste. Estava enganado. Todo o mundo se engana com respeito ao futuro.
>
> Milan Kundera, *A ignorância*

Chegamos ao final do percurso que havíamos nos proposto. Batemos algumas fotografias de recordação, mas, como em qualquer viagem, as imagens que realmente importam, as sensações, pertencem a esse reino intangível da memória.

A modo de conclusão, talvez a ideia essencial de *Pequenas grandes coisas* seja que a felicidade é conquistada quando se vai somando os breves momentos de bem-estar que encontramos pelo caminho; ela é conquistada quando se vai buscando e desfrutando esses *placebos da vida*, sabendo que cada um tem os seus e que é preciso identificá-los.

Também descobrimos que esse bem-estar é uma sensação íntima cuja responsabilidade final pertence a certas moléculas transmitidas entre grupos de neurônios de algumas áreas de nosso cérebro. Porém, uma vez conhecido esse mecanismo microscópico, o que conta são as situações – os estímulos – que desencadeiam essa cascata química prazerosa.

E o mais interessante é que esses estímulos, esses placebos, não constituem uma fórmula infalível e pré-fabricada, idêntica para cada um de nós. Cada um deve identificar os placebos pessoais, aqueles que lhe são mais eficazes, os que funcionam melhor para si.

Muitas dessas *pequenas grandes coisas* têm em comum o fato de aumentarmos a secreção de oxitocina, o hormônio responsável pelos relacionamentos interpessoais, a paixão e a dimensão sexual do ser humano.

Isso aumenta o interesse pelo conceito de placebos da vida: muitos estão relacionados com nossa interação com o parceiro, com nosso círculo de amizades ou com quem nos cerca no âmbito profissional ou de vida mais próximo. Portanto, muitos desses placebos estão ao alcance da mão; temos apenas que estar atentos e não os deixar escapar, porque, não esqueça, os placebos (e os prazeres) costumam ser voláteis como o álcool, leves como a brisa e perecíveis como um floco de neve na mão.

Além do mais, essas *pequenas grandes coisas* têm a vantagem de estar ao alcance de qualquer pessoa. São um bem universal e democrático que, por uma vez, não dependem da riqueza econômica, e sim da riqueza emocional. Você não poderá adquirir os verdadeiros placebos da vida em nenhuma loja nem os poderá comprar de nenhuma pessoa – assim como acontece com a felicidade. Porém, pode presentear placebos e bem-estar, e pode obsequiá-los a si mesmo.

Finalmente, os verdadeiros placebos da vida não criam vício; você mesmo pode prescrever as doses apropriadas, dificilmente se intoxicará (se não esquecer o conceito limitado de placebo e de bem-estar), e não caducam.

Enfim, como dissemos no início deste percurso, deveríamos levar a vida com a mesma intensidade com que o garimpeiro procura a pepita de ouro em sua peneira.

A diferença entre viver a vida com placebos *ou sem eles é a mesma que pôr um automóvel a 120 km/h em quinta marcha – situação em que o motor roda com comodidade –, ou alcançar os 120 km/h em terceira – e deixar que o motor sofra.*

Talvez o problema surja quando as ideias se pervertem. É curioso – e preocupante – que, cada vez que falo da oxitocina, alguém da sala levanta a mão para perguntar onde se pode comprá-la. Por sorte, ainda posso responder que, para este uso, nem se compra nem se vende.

Albert Ribas me explicou um *koan* que encontrou há pouco em uma barraca escondida no bazar do prazer dedicado à leitura (outro dos grandes placebos). Os *koan* são esses ensinamentos que o mestre zen transmite ao discípulo em forma de diálogo breve. Dizia assim:

> ASPIRANTE Mestre, estou desanimado. Que posso fazer?
> MESTRE Animar os outros.

Com certeza, a essência da felicidade não está em buscá-la desesperadamente nem em lamentar-se por não a encontrar, e sim em viver intensamente o presente procurando não cair na teia de aranha pegajosa do passado nem nos braços de fumaça do futuro.

E o presente tem cheiros, sabores, risos, lágrimas, carícias, golpes, mas, principalmente, palavras e pessoas.

> O bairro fervilha de vida como um formigueiro, encolhe-se e se expande como um coração, a vida avança inevitável e rápida, em batalhar intenso, corre como um manancial, como um rio, e o leito não faz senão subir. Alguns se afogam nesse turbilhão, e outros aprendem a nadar e a guardar a roupa.
>
> LUCÍA ETXEBARRÍA, *Cosmofobia*

O presente tem Vida; não se esqueça de vivê-la!

Bibliografia

Antes de começar

Eliot, T. S. *Cuatro cuartetos. Barcelona: Altaya*, 1996. [Ed. port.: *Quatro quartetos*. Lisboa: Relógio d'Água, 2004.]

Capítulo 1

Miller, H. *El coloso de Marusi. Barcelona: Seix Barral*, 1992. [Ed. port.: *O colosso de Maroussi*. Lisboa: Livros do Brasil, 1996.]

Capítulo 2

Barret, B. et alii. "Placebo, meaning, and health". *Perspectives in Biology and Medicine*, 2006, 49:178-198.

Chaput, D. M. et alii. "Harnessing placebo effects in health care". *The Lancet*, 1994, 344:995-998.

Cho Hyong, J. "Reviving the old sermon of medicine with the placebo effect". *Rev Bras Psiquiatr*, 2005, 27:336-340.

Fecteau, D. *L'effet placebo. Le pouvoir de guérir.* Quebec: Les Éditions de l'Homme, 2005.

Flaten, M. A. et alii. "Drug-related information generates placebo and nocebo responses that modify the drug response". *Psychosom Med*, 1999; 61:250-255.

Grewen, K. M. et alii. "Effects of partner support on resting oxytocin, cortisol, norepinephrine, and blood pressure before and after warm partner contact". *Psychosom Med*, 2005; 67:531-538.

Miller, F. G. et alii. "The nature and power of the placebo effect". *J Clin Epidemiol*, 2006; 59:331-335.

OLSHANSKY, B. "Placebo and nocebo in cardiovascular health". *J Am Col Cardiol*, 2007; 49:415-421.

PARK, L. C. et alii. "Nonblind placebo trial: an exploration of neurotic patients responses to placebo when its insert content is disclosed". *Arch Gen Psychiatry*, 1965; 12:36-45.

THOMAS, K. B. "The placebo in general practice". *The Lancet*, 1994; 344:1066-1067.

Capítulo 3

ADER, R. et alii. "Conditioned suppression of humoral immunity in the rat". *J Comp Physiol Psychol*, 982; 96:517-21.

BULGER, R. J. "The demise of the placebo effect in the practice of scientific medicine; a natural progression or an undesirable aberration?". *Trans Am Clin Climatol Assoc*, 1990; 102:285-292.

DAR-NIMROD, I. et alii. "Exposure to scientific theories affects women's math performance". *Science*, 2006; 314:435.

DE LA FUENTE-FERNÁNDEZ, R. et alii. "Placebo effect and dopamine release". *J Neural Transm Suppl*. 2006; 70:415-418.

DE LA FUENTE-FERNÁNDEZ, R. et alii. "The biochemical basis of the placebo effect". *Sci Eng Ethics*, 2004; 10:143-150.

DE PASCALIS, V. "The contribution of suggestibility and expectation to placebo analgesia phenomenon in an experimental setting". *Pain*, 2002; 96:393-402.

EISENBERGER, N. I. et alii. "Why rejection hurts: a common neural alarm system for physical and social pain". *Trends Cogn Sci*, 2004; 8:294-300.

FECTEAU, D. *L'effet placebo. Le pouvoir de guérir.* Quebec: Les Éditions de l'Homme, 2005.

FIGUERAS, A. *Optimizar la vida. Claves para reconocer la felicidad.* Barcelona: Alienta Editorial, 2006. [Ed. bras.: *Otimizar a vida. Códigos para reconhecer a felicidade.* São Paulo: Editora Planeta do Brasil, 2006.]

FLATEN, M. A. et alii. "Cognitive and emotional factors in placebo analgesia". *J Psychosom Res*, 2006; 61:81-89.

Capítulo 4

AGREN, G. et alii. "Olfactory cues from an oxytocin-injected male rat can reduce energy loss in its cagemates". *Neuroreport*, 1997; 28:2551-2555.

ANÔNIMO, "1 get a kick out of you". *The Economist*, 12 de fevereiro de 2004.

Blalock, J. E. et alii. "Conceptual development of the immune system as a sixth sense". *Brain, Behav and Immunity*, 2007; 21:23-33.

CARTER, C. S. et alii. "Oxytocin and social bonding". *Ann N Y Acad Sci*, 1992; 652:204-211.

DOMES, G. et alii. "Oxytocin improves 'mind-reading' in humans". *Biol Psychiatry*, 2007; 61:731-733.

MARAZZITI, D. et alii. "A relationship between oxytocin and anxiety of romantic attachment". *Clin Pract & Epid Mental Health*, 2006; 2:28-33.

NEUMANN, I. D. "Oxytocin: the neuropeptide of love reveals some of its secrets". *Cell Metabol*, 2007; 5:231-233.

POPIK, P. et alii. "Social transmission of flavoured tea preferences: facilitation by a vasopressin analog and oxytocin". *Behav Neural Biol*, 1993; 59:63-68.

PORGES, S. W, "Love: an emergent property of the mammalian autonomic nervous system". *Psychoneuroendocrinology*, 1998; 23:837-861.

SALONIA, A. et alii. "Menstrual cycle-related changes in plasma oxytocin are relevant to normal sexual function in healthy women". *Hormones and Behaviour*, 2005; 47:164-169.

SERRANO, S. *Los Secretos de la felicidad.* Barcelona: Alienta Editorial, 2007.

TOPS, M. et alii. "Anxiety, cortisol, and attachment predict plasma oxytocin". *Psychophysiology*, 2007; 44:444-449.

UVNÄS-MOBERG, K. "Oxytocin may mediate the benefits of positive social interaction and emotions". *Psychoneuroendocrinology*, 1998; 23:819-835.

YOUNG, L. J. "Regulating the social brain: a new role for CD38". *Neuron*, 2007; 54:353-356.

ZAK, P. J. et alii. "Neuroactive hormones and interpersonal trust: international evidence". *Economics and Human Biol*, 2006; 4:412-429.

Capítulo 5

CARPENTIER, A. *Écue-Yamba-O*. Madri: Alianza, 2002.

GOLEMAN, D. *A arte da meditação*. Rio de Janeiro: Sextante, 2005.

GUIX, X. *Contigo, pero sin ti*. Barcelona: Granica, 2007.

MILLER, K. E. et alii. "Efficacy of acupressure and acustimulation bands for the prevention of motion sickness". *Aviat Space Environ Med*, 2004; 75:227-234.

OLSKO, C. et alii. "Stress, coping, and well-being among the Yup'ik of the Yukon-Kuskowim Delta: the role of enculturation and acculturation". *Int J Circumpolar Health*, 2007; 66:51-61.

YILMAZ, E. et alii. "Music decreases anxiety and provides sedation in extracorporeal shock wave lithotripsy". *Urology*, 2003; 61:282-286.

Capítulo 6

GUTKOWSKA, J. et alii. "Oxytocin is a cardiovascular hormone". *Braz J Med Biol Res*, 2000; 33:625-633.

INSEL, T. R. "Is social attachment an addictive disorder?". *Physiol Behav*, 2003; 79:351-357.

MARAZZITI, D. et alii. "A relationship between oxytocin and anxiety of romantic attachment". *Clin Pract & Epidemiol in Mental Health*, 2006; 2:28-33.

TOPS, M. et alii. "Anxiety, cortisol and attachment predict plasma oxytocin". *Psychophysiology*, 2007; 44:444-449.

WIRTZ, P. et alii. "Low social support and poor emotional regulation are associated with increased stress hormone reactivity to mental stress in systemic hypertension". *J Clin Endocrin & Metab*, 2006; 91:3857-3865.

Capítulo 7

BAYÉS, R. *El reloj emocional. La gestión del tiempo interior.* Barcelona: Alienta Editorial, 2007.

COHEN, S. O. "Dance/movement therapy for children and adolescents with cancer". *Cancer Practice*, 1999; 7:34-42.

Cook, L. J. "Exercises for mental wellness. Couldn't we all benefit?". *J Psychosoc Nurs Health Serv*, 2007; 45:8-9.

Ditzen, B. et alii. "Effects of different kinds of couple interaction on cortisol and heart rate responses to stress in women". *Psychoneuroendocrinology*, 2007; 32:565-574.

Forssén, A. S. "Humour, beauty, and culture as personal health resources: experiences of elderly Swedish women". *Scand J public Health*, 2007; 35:228-234.

Grape, C. et alii. "Does singing promote well-being?: An empirical study of professional and amateur singers during a singing lesson". *Integr Physiol Behav Sci*, 2003; 38:65-74.

Guegen, N. "Courtship compliance: the effect of touch on women's behaviour". *Social Influence*, 2007; 2:81-97.

Guitard, P. et alii. "The importance of playfulness in occupational therapy with adult clients". *Can J Occup Ther*, 2006; 73:281-194.

Gutkowska, J. et alii. "Effect of exercise training on cardiac and natriuretic peptide systems in ovariectomized rats". *Am J Physiol Regul Comp Physiol*, 2007; 293:R267-R275.

Halpern, D. F. et alii. "The world of competitive Scrabble: novice and expert differences in visuospatial and verbal abilities". *J Exper Psychol Appl*, 2007; 13:79-94.

Hess, L. M. et alii. "The association between playfulness and coping in adolescents". *Phys Occup Ther Pediatr*, 2003; 23:7-17.

Ho, R. T. "Regaining balance within: dance movement therapy with Chinese cancer patients in Hong Kong". *Am J Dance Therapy, 2005;* 27:87-99.

Leppanen, J. M. et alii. "Affect and face perception: odors modulate the recognition advantage ofhappy faces". *Emotion*, 2003; 3:315-326.

Lewis, M. B. "Eye-witnesses should not do cryptic crosswords prior to identity parades". *Perception*, 2006; 35:1433-1436.

Martins, A. S. et alii. "Hypertension and exercise training differentially affect oxytocin receptor express ion in the brain". *Hypertension*, 2005; 46:1004-1009.

Nabb, M. T. et alii. “Does regular massage from late pregnancy to birth decrease maternal pain perception during labour?”. *Complement Ther Clin Pract*, 2006; 12:222-231.

Prescott, J. et alii. “Pain tolerance selectively increased by a sweet-smelling odor”. *Psychol Sci*, 2007; 18:308-311.

Rovira, A & Trías de Bes, F. *La buena suerte*. Barcelona: Empresa Activa, 2004.

Sahler, O. J. et alii. “The effect of using music therapy with relaxation imaginery in the management of patients undergoing bone marrow transplantation: a pilot feasibility study”. *Altern Ther Health Med*, 2003; 9:70-74.

Shimamura, A. P. et alii. “Memory for facial expressions: the power of a smile”. *Psychon Bull Rev*, 2006; 13:217-222.

Snowdon, C. T. et alii. “Social odours, sexual arousal and pairbonding in primates”. *Philos Transact*, 2006; 361:2079-2089.

Wang, Y. L. et alii. “Therapeutic play”. *Hu Li Za Zhi*, 2006; 53:79-83.

Weisenberg, M. et alii. “The influence of film-induced mood on pain perception”. *Pain*, 1998; 76:365-375.

Capítulo 8

Barrett, B. et alii. “Placebo, meaning, and harm”. *Perspectives in Biology and Medicine*, 2006; 49:178-198.

Debiec, J. “Peptides of love and fear: vasopressin and oxyrocin modulate the integration of information in the amygdala”. *BioEssays*, 2005; 27:869-873.

Fecteau, D. *L’effet placebo. Le pouvoir de guérir.* Quebec: Les Éditions de l’Homme, 2005.

Jericó, P. *Nomiedo*. Alienta Editorial, Barcelona, 2006. [Ed. bras.: *Não medo na empresa e na vida*. São Paulo: Planeta, 2006.]

Johansen, O. “Placebo and Nocebo responses, cortisol, and circulating beta-endorphin”. *Psychosom Med*, 2003; 65:786-790.

MARAZZITI, D. et alii. "A relationship between oxytocin and anxiety of romantic attachment". *Clin Pract & Epidemiol in Mental Health*, 2006; 2:28-33.

MATUTE, H. et alii. "Illusion of control in internet users and college students". *CyberPsychol & Behav*, 2007; 10: 176-181.

OLSHANSKY, B. "Placebo and nocebo in cardiovascular health". *J Am Coll Cardiol*, 2007; 49:415-421.

VOELKER, R. "Nocebos contribute to host of ills". *JAMA*, 1996; 275:345-347.

Agradecimentos

As ideias são voláteis. Só quando se materializam mediante palavras, imagens ou sons podem ser compartilhadas. Meu amigo e editor Jordi Nadal, que sabe apreciar bem os placebos da vida, tornou a me animar para capturar em um papel as ideias de *Pequenas grandes coisas* e ofereceu-me a Plataforma Editorial para transformá-las neste livro.

As palavras e as imagens vão se aperfeiçoando com as opiniões dos primeiros leitores e seus pontos de vista. Agradeço muito pelos acertados comentários e sugestões de María Alasia, Thaïs Baleeiro, Elena Ballarín, Mònica Figueres e Jordi Nadal, que melhoraram o texto original.

Junto com María Alasia, Jordi Nadal e Cati Farrán fiz uma curiosa e proveitosa reunião virtual para acabar dando com o título deste livro.

Rosa Serra tornou possível o processo de paginação e edição, além de atender a minhas sugestões de mudanças e acréscimos de última hora.

Agradeço o detalhismo de Sandra Martha Dolinsky na tradução ao português, a sensibilidade de Graziella Iacocca no desenho de uma capa que consegue transmitir a ideia do significado das pequenas grandes coisas e a Débora Guterman e Rogério Alves, editores da Planeta do Brasil, por aceitar que este livro forme parte do prestigioso selo Academia.

E, para o final, fica o prólogo. Lucía Etxebarría teve a generosidade de se oferecer para escrever um texto para um livro que ainda não existia enquanto estávamos a 10 mil metros de altura sobre um ponto indeterminado do oceano Atlântico. Agradeço-lhe muito tanto por seu gesto quanto por suas gentis palavras.

Este livro foi composto em Janson Text e Trade Gothic Condensed
para a Editora Academia de Inteligência
em agosto de 2009